前に進む力

Keep Going

「高校日本一」から
「箱根駅伝優勝」への
軌跡

東海大学陸上競技部駅伝チーム監督
両角 速
Morozumi Hayashi

東海教育研究所

目次

第3章 再起

はじめに

「人間的成長なしに競技力の向上なし」

選手を指導するとき、最も大切にしていることは何か？　そう尋ねられたら、私はこの言葉を挙げることが多い。指導理念と言ってもいい。

長野県の佐久長聖高校で教員をしていたころ、プロ野球の往年の名選手で、名将としても知られる野村克也監督の著書『あぁ、監督——名将、奇将、珍将』を読んだ。

本の中では、「人間的な成長なくして、技術的進歩なし」とあり、いくら技術を磨いても、考え方や取り組み方など、人としての内面が成長していかなければ、進歩することはないという趣旨のことが書かれていた。

そのことにいたく共感を覚え、自分のフィールドである陸上競技にも当てはまるように、ほんの少しアレンジさせていただいた。

この言葉は大学の自分の研究室の壁にも貼ってある。入学してくる新入生と親御さんが読む文書の中にも、いつも「人間的成長なしに競技力の向上なし」と記載している。選手にも日々、事あるごとに言っている。

人間的成長は「心の成長」と置き換えるとイメージしやすいだろうか。

高校生を指導していて感じたのは、中学生や高校生は人間的成長が遅れていても競技力は伸ばせるということだった。その背景には、単純に体が成長しているということがある。体が大きくなればそれに伴って肺活量が増えてストライドが伸び、筋力や持久力もついて総合的な走力が上がる。

特に男子は高校時代に成長期のピークがやってくるため、陸上競技の観点から言えば、その時期が記録を伸ばす大きなチャンスであることに間違いない。

しかし、肉体的な成長はいずれ止まる。

体の成長が止まったときに、どのようにして自分の記録を伸ばしていくのか。

ここで「人間力」がものをいう。まさに人間的成長をもってして競技力を向上させていく。体の成長がひと段落する大学生は、そういう段階に入っていく時期なのだと私は思っている。

もちろん成長期は人それぞれであり、高校3年生の3月31日と大学生になった4月1日の間に明確な境目があるわけではない。だから高校生にもいずれ体の成長は止まること、そして、そうなる前に人間力で心を磨きながら競技力を向上させていくことの必要性を説いてきた。

大学生にもなって、いつまでも小学生や中学生のような幼稚な感覚で行動していても、競技者として望む結果は得られない。やがて社会に出ても当然、周囲からは一人前の社会人とは認められない。

陸上競技は自分の意思で体を動かす。体をレベルアップさせようとしたら、指令を出す側の意思、つまり心や気持ちのレベルアップも同じように欠かせないわけだ。

では、心を成長させるにはどうすればいいかとなると、これはもう日々の生活をきちんと送ることに尽きる。生活のすべてが心を磨くことにつながる。

2019年2月の寒い時期に行ったある合宿で、学生コーチの小池旭徳（2年）が食事のとき、選手たちにこんなふうに指摘したことがあった。

「今、素足でスリッパを履いている人に限って、普段から足が痛いと言っている。この時期は地面から冷え込んでくるので、足の裏やふくらはぎが固くなって、アキレス腱が痛くなりやすい。常識的に考えて靴下ぐらいはくべきだ」

小学生であればそんなことは気にせず、「あぁ、裸足で気持ちいい」で済ませていい。

高校生は先生に「なんではいていないんだ」と叱られ、こういうときは靴下をはかないといけないと、まず形から覚える。靴下をはくべき理由を説明されればいいが、説明されないことの方が多い気がする。

大学生なら人に言われる前に、自分で考えてわからないといけない。

なぜ冬場に素足でスリッパを履くのが問題なのか。どうして高校の指導者が怒りながら自分に教えたのか。そうしたことを考えた結果、自分で責任を持って行動しなければいけない。考える習慣を身につけてもらいたいのだ。

これは一つの例にすぎない。食事の仕方や風呂の入り方、服の着方、掃除や勉強に取り組む姿勢など、日常生活のすべてのことに言える。

走るという競技は、数あるスポーツの中でもきわめてシンプルな動作によって勝敗を決める。レースでライバルと競り合っているときは、ちょっとした動きや息遣いから相手の状況を判断し、自分の状態と照らし合わせながら、どのタイミングで引き離すのか、あるいは今はじっくり我慢するのかを決断する。

そうした感覚は、練習だけで教わって身につくものではない。日々の生活の中で磨くことで養われていく。私はそう考えている。

あいさつ一つとっても、それは競技に結びつく。

なぜあいさつをするのか。どのように、どんな気持ちでするのか。それはたとえば支援者やファンを増やすことにつながる。

まだ成熟していない小学生であれば、あいさつをしなくても周りの大人が放っておかない。かわいいからいろいろと手をかけてくれる。

それがいい大人になって、ろくすっぽあいさつもできないとなったら、「なんでこの人を応援してあげないといけないんだ」となるだろう。

中学や高校のころからさまざまな試合を経験してきた選手たちも感じていると思う。目指す舞台が大きければ大きいほど、たくさんの人の協力がなくては勝てないのだと。だからこそ、自分にかかわる人たちに心から応援してもらえる選手になる必要がある。

そう考えると、笑顔であいさつをする、何かしてもらったら「ありがとう」と感謝するというのは、当たり前の行為になる。

合宿地の食堂でご飯を食べ終えた後、「ごちそうさまでした」と言って、食器をまとめて調理場まで片づけるのは最低限のことである。ここでさらに、食堂の方に「おいしかったです」とひとこと付け加えられれば、作ってくれた人も気分がいい。何も言わないチームより、きちんと反応してくれるチームに「次は一品増やしてあげよう」と思うかもしれない。それが人情というものだ。

もちろん、すべてをそうやって打算的に考えているわけではない。毎日の一つひとつの行動が、結果的に自分の競技と密接につながるということを言いたいのだ。

良好な人間関係をつくる習慣を身につけ、応援してもらえる人になれれば、それは社会に出てからも必ず役に立つ。

先述した2月の合宿中、バレンタインデーに宿のおかみさんが選手一人ひとりにチョコレートをくださった。何人かは元気よく、「うれしいです！」と笑顔で受け取っていたが、それ以外の多くは、表情を変えることもなく、「ありがとうございます」と、ぼそぼそっと小さな声で応じるだけだった。それを見ていて、私は、なぜそんな反応しかできないのかと、もどかしかった。「やったー！　うれしい！　おいしそうなチョコレート！」と感情を表に出して、渡してくださった方にどうして喜びを伝えられないのか。

キーワードは、「また」だと思う。「来年のバレンタインに、またこの人にチョコレートを渡したい」「また東海大学を応援したい」「またこの先生に教わりたい」……。それは一種の魅力である。魅力がなければ、「また」はない。「もういいや」で終わってしまう。

選手には、他人から「また合宿に来てほしい」「またこの人と会いたい」「また一緒に過ごしたい」と思われるような人間になってほしいのだ。

1万mを28分台で走った、東京箱根間往復大学駅伝競走（箱根駅伝）で優勝した、といった陸上競技の実績など、選手を引退したらほとんど意味を持たない。大切なのは、競技を

箱根駅伝初優勝を祝し、平塚市・湘南スターモール商店街で行った記念パレード。当日は約１万人の市民が沿道に詰めかけた。このようなパレードは初めてだったので少し緊張したが、日ごろから声援を送ってくださる皆さんに感謝を伝えられてよかった

通じて自分を磨き、豊かな感性を育み、いかに社会で通用する人間になれるかどうか、である。

肉体的な成長は大学生になるあたりで止まるが、人としての成長は、本人の意思次第でいつまでも続けられる。私は一人の教育者として、教え子たちにはこれからもそのことを伝えていきたい。

ここであらためて簡単に自己紹介をしたい。

私は1966年7月5日、長野県諏訪市で生まれた。

箱根駅伝関係者で言えば、青山学院大学の原晋監督や日本体育大学の別府健至元監督、東洋大学の川嶋伸次前監督らが同じ学年になる。会って話をしたりすると、私だけが箱根でチームを優勝させていないことをよくいじられたものだ。

「速《はやし》」という名は、陸上を意識して命名されたのではない。母方の祖父である速水《はやみ》から1字をもらったと聞いている。

小学校に上がると同時に茅野市へ引っ越し、3年生のとき、市内を走るロードレース大会で、長野県伊那市出身の伊藤国光さん（現・JFEスチール監督）の走りを見た。伊藤さんは小柄ながら、のちにマラソンなど数々の種目で日本最高記録を残すトップ選手だった。体の小さいことがコンプレックスになりつつあった私は、伊藤さんの力走に勇気をもらい、走ることに興味を持った。

フォームは自己流だったが、伊藤さんを見たロードレースには、4年生から毎年出場した。6年生のとき、小学生の部で大会新記録をマークして優勝した。このとき、「将来はマラソン選手になろう」と誓ったあたりは、今思うと実に単純だった。

中学の部活動で陸上部に入り、本格的に陸上を始めた。顧問の先生はかなり厳しかったが、部活の練習だけでは物足りず、帰宅後に家の近所を走ることもあった。

3年生になると、茅野市内ではほとんど敵なしだった。ところが、県大会では勝てなかった。県大会3位が中学時代の最高成績だったと思う。

高校進学の際、市内の東海大学第三高校（現・東海大学付属諏訪高校）へ行くことに決めたのは、正直なところ家から近かったからである。当時、岡谷南高校の駅伝が強かったが、そこへ通うには毎日、早朝に家を出なければならない。毎朝、NHKの連続テレビ小説を観てから8時半ごろ東海大三に登校する兄を見ていて、自分もそこがいいと決めた。

当時の東海大三陸上部は、お世辞にも強豪とは言えず、同じ学年に長距離選手は私以外いなかった。先輩を含めても駅伝のチームを組めず、全国高校駅伝競走大会（都大路）の予選を兼ねた長野県高校駅伝競走大会には結局、3年間で1度も出場していない。

毎年11月に行われる長野県縦断駅伝競走大会では、1年生のときに全諏訪チームのメンバーに選ばれた。その週1回の合同練習で、強い大学生や社会人に挑めるのが楽しかった。

高校時代の実績ということなら、3年時の秋田で開かれた全国高校総合体育大会（インターハイ）5000m出場になる。県大会で優勝し、北信越大会で4位に入って、私自身初めてとなる全国大会への切符を手にした。

そのインターハイで、「君、東海大の付属高校だよね？　一緒に頑張ってみませんか？」

と声をかけられた。声の主は、当時東海大で陸上競技部の監督を務めていた宇佐美彰朗先生だった。68年のメキシコシティからミュンヘン、モントリオールと、マラソンで五輪3大会連続出場という偉業を成し遂げた往年の名ランナーである。

スポーツ全般をそつなくこなすことができた私は、将来、体育教師になることを漠然と考え始めていた。体育学部がある東海大なら教員免許も取得しやすい。付属高校ということでほとんど受験勉強をする必要がなかったことにも惹かれた。

箱根駅伝の存在は知っていたが、「その舞台で走りたい」という明確な目標は持っていなかった。東海大でそれなりに走りながら教員免許を取り、卒業後は体育教師として信州に戻ってくるつもりだった。

85年春、東海大に入学し、陸上競技部に入部した。

ところが、駅伝チームの監督は宇佐美先生ではなく、前年度まで千葉県の八千代松陰高校で監督をされていた新居利広先生を新監督として迎え入れていた。

新居先生だからなのか、大学の陸上部というのがそういうものなのか、毎日の練習がとにかく厳しかった。朝6時からの練習と、授業を終えて夕方からの練習で、メニューも高校までとは比べものにならないほどにハードだった。新居先生から怒鳴られるのは日常茶飯事。入学時に25人ほどいた同期は1年で約半数になり、4年間続いたのは私を含めて10人程度しかいなかった。

そういう環境でも私が辞めずにいられたのは、専門的な指導者に自分を見てもらえることが新鮮で、うれしかったからだ。高校まではそういう指導を受けたことがなかった。きちんと見てもらっているから練習に一生懸命取り組む。しっかり練習をやるから力がついてタイムが伸びる。そうなるとモチベーションが上がって、「もっと頑張ろう」とさらに意欲があふれてくる。

きついことに対するネガティブな思いは、もはや全くなかった。

1年の夏にはチーム内の上位という位置まで力をつけ、箱根駅伝には4年連続で出場した。

62回大会（1986年）3区区間9位　1時間9分18秒
63回大会（1987年）3区区間7位　1時間5分57秒
64回大会（1988年）1区区間7位　1時間5分29秒
65回大会（1989年）2区区間9位　1時間12分13秒

私自身は、見る人の記憶に残るような爆走や快走をしたわけではないが、東海大としては総合7位、6位、8位、8位と、4年連続でシード権を獲得した。

この間、圧倒的な強さで箱根4連覇を果たしたのが、順天堂大学だった。

当時、順大の夏合宿に参加させてもらったことがある。練習では主力クラスの選手たちともそれなりに渡り合えて、私は大きな自信をつかんだ。ところが、試合になると勝てなかった。いったいどこに差があるのか。

私なりに考えて気づいたのは、練習以外の時間の過ごし方にあった。自由時間になると、競技のことは忘れて遊んでばかりいた東海大と違い、順大の選手たちはすべてのことを競技と結びつけて考えていた。

日常生活もおろそかにしてはいけない。指導者になって選手たちに説いてきたその考え方は、このころ身についたと思う。

大学卒業後は教員になるつもりでいた。だが、順大の合宿に参加した後に、当時の順大の監督をしていた澤木啓祐先生から新居先生を通して、なぜか就職先を紹介された。それが日産自動車だった。

日産自動車には4年間在籍し、全日本実業団対抗駅伝競走大会（ニューイヤー駅伝）も走った。結婚したのはこの時期だ。やがて2人の息子を授かった。妻は食事管理や家事、子育てなどを一手に引き受け、選手である私をいつも支えてくれた。

社会人5年目の93年、プロ選手としての契約でダイエーに移籍すると、記録が伸び始めた。バンクーバー国際マラソンで優勝するなど、結果も残せるようになり、自信を深めつつあった。96年のアトランタ五輪を本気で目指そうと、私は決意を新たにした。

翌95年1月、私が住む神戸市を阪神・淡路大震災が襲い、選手としての活動が難しくなった。そんな折、佐久長聖に新設する駅伝部の監督になってほしいというオファーが届いた。私は28歳。まだ走っていたかったし、もっと上を目指したかったが、そういった事情もあり、3月に話だけでも聞きに行こうと佐久を訪ねた。すると、名誉校長の秋山昭夫先生から「5年以内に都大路に出場してほしい」という衝撃的なひとことを言われた。まだ受諾もしていないし、男子部員が2人しかいなかったにもかかわらず、である。

教員になることは夢でもあった。信頼していたダイエーの白水昭興監督（現・日清食品グループ総監督）の勧めもあり、私はオファーを受けることにした。

現役選手として五輪を目指す生活にピリオドを打ち、95年4月、佐久長聖駅伝部の初代監督に就任した。

監督になるとやらなければいけないことが2つあった。スカウトと練習場の確保だ。都大路を目指そうというのに、駅伝に出られるだけの部員もいなければ、まともな練習場所もなかったのである。学校のグラウンドは野球部専用、市内に陸上競技場と呼べるものはなかった。

スカウトについては少し前まで現役だったことを生かし、「佐久長聖」と校名の入ったユニホームを着て、自ら試合に出まくった。練習場は、学校近くの空き地を重機や後部にタイヤを引かせた軽トラックを用いて600mのクロスカントリーコースに造り変えた。空き地は遺跡のようなところで、平坦なグラウンドにする許可が下りなかったのだ。

当時は指導者としての確固たる指導論や方針も全くなかった。

監督就任そのものが突然だったため、選手たちとかかわっていく中、練習内容もその都度考えながら決めた。まさに現場の叩き上げという状態だった。

そうした積み重ねで有望選手を少しずつ獲得できるようになり、個人種目でのインターハイ出場など、少しずつ成果となって表れていく。

97年には中学時代には無名だった佐藤清治が入学してきた。練習で着実に力をつけ、1年時のインターハイ1500mを制し、日本高校記録を更新。その後、800m、

３０００m、５０００mも含め、実に4種目で高校記録を塗り替えた。3年時には日本選手権の１５００mで優勝し、世界選手権大会出場まで果たした。

順大に進んだ後は華々しい結果を残せなかったが、高校時代は「１００年に1人の逸材」と言えるような怪物だった。

佐藤清治の活躍もあって、98年の長野県高校駅伝で佐久長聖は悲願の初優勝を果たし、都大路に初出場した。この長野県高校駅伝で初優勝した喜びは、今に至るまでのすべての勝利の中で最も感激が強かったと記憶している。私の監督4年目だった。

そうして初めて出場権を得た都大路では4位に食い込んだ。以後、私が佐久長聖を去るまで13年連続で出場し、その間に8位入賞を逃したのは２００4年の1度きりである。

07年には、仙台育英学園高校とアンカー勝負になり、2時間3分55秒の同タイムながらコンマ数秒の差で準優勝に終わった。高校日本一までほんのわずかだった。

そして08年、村澤明伸（現・日清食品グループ）や大迫傑（現・ナイキ・オレゴン・プロジェクト）といった、のちに箱根駅伝でも活躍するメンバーで、ついに高校日本一をつかみ取った。このときの優勝タイム2時間2分18秒は、日本人のみで構成されたチームによる日本高校最高記録として今も破られていない。

それから2年後、13回目の都大路行きを決めた後、私は東海大陸上競技部駅伝監督の就任要請を受ける。

箱根駅伝のゴールである大手町で歓喜の瞬間を迎えたのが、19年1月3日。佐久を離れる決意をしてから、約8年間という月日が流れていた。

箱根駅伝で初優勝のゴールテープを切る郡司陽大

第1章 悲願

トップを奪った〝伏兵〟

2019年1月3日、95回箱根駅伝復路8区――。

14・6km地点でスパートをかけた小松陽平（3年）の背中を運営管理車の助手席から見つめながら、私は「ちょっと（タイミングが）早いんじゃないか」と、心臓の鼓動が速くなるのを感じた。

ここから1kmほど先には、8区最大の難所、遊行寺坂が待ち構えている。決して上りが得意というタイプではない小松は、じっくりと様子をうかがい、坂を越えたあたりで勝負にいくのだろうと思っていたからだ。

7区の阪口竜平（3年）からトップを行く東洋大学と4秒差でタスキを受けた小松は、東洋大の鈴木宗孝選手（1年）にすぐに追いつき、以降は約40分間、その背後から逆転の機会を虎視眈々とうかがっていた。

ランナーの中には、苦しくても粘れる者もいれば、涼しい顔をしていながらついていけずに離れてしまう者もいる。日ごろから練習を見ている自分のチームの選手はどのタイプなのかがわかっているが、ほかの大学の選手については表情だけでは判断がつかない。

だからこそ鈴木選手は、最初から調子がよさそうな顔には見えなかったが、「彼はきっと普段からこういう顔で走る選手なんだ」と自分自身に言い聞かせ、都合よく判断しないようにあらためて心がけた。

箱根駅伝では、各大学の監督が運営管理車から指示を出せるポイントが決められている。

8区にあるポイントの1つが遊行寺坂の手前にある交差点だが、これから声をかけようと東洋大の運営管理車の前に移動したときには、すでに小松は勝負に入っていた。

私の不安は全くの杞憂だった。

鈴木選手が小松から離れ始めた瞬間、これはもう小松についていけないだろうなと感じた。小松はまるで苦しそうなそぶりを見せていなかった。「こうなったらどんどん引き離せ」と、選手を信じる気持ちがネガティブな思いを打ち消した。実際、小松は鈴木選手をどんどん引き離していった。

今大会のオーダーを決める12月、実績で言えば、小松はチーム内で10番目か11番目という力の選手であり、10人が出走する箱根駅伝ではちょうどボーダーラインに位置していた。しかも箱根を含め、出雲全日本大学選抜駅伝競走、全日本大学駅伝対校選手権大会という学生三大駅伝の出場経験はない。

周知の通り、正月の2日間、東京箱根間の往復217・1kmで争われる箱根駅伝は、1区間が20km以上の距離を10人がタスキでつながなくてはならない。

ただし、ひと口に「20km以上」と言っても、アップダウンの大小や場所がそれぞれ異なり、海岸線を走る区間ならば海風、都市部の区間であればビル風が吹き、走りに影響を及ぼすことが少なくない。また、走る時間帯や場所によっては天候や気温も大きく変化する。

そして何より、「特殊区間」と呼ばれる箱根の山上りと山下りが、箱根駅伝ならではのコースとして、これまでにも数々のドラマの舞台になってきた。10区間それぞれに特徴があり、難易度は全く違う。

そのときの戦力で最大限のパフォーマンスを発揮するには、どこにどの選手を配するかという区間配置が大きなカギになってくる。号砲が鳴り、いざレースが始まってしまえば、監督やコーチができることはそう多くない。オーダーを決める采配が、指揮官の数少ない腕の見せどころとなる。

メンバー次第ではあるが、私の場合は2区から順に5区、6区、9区、1区……という順番で考える。権太坂やラスト3kmからの上りが厳しく、各校のエースが集う「花の2区」に有力選手を配置し、特殊区間である5区や6区には、当然ながら上りや下りを得意とするスペシャリストを置きたい。最長区間である2区の裏コースにあたる復路の9区にも、信頼の置けるチームの主力選手を据え、出遅れが許されない1区にも力のある選手を置かなければならない。

さらに、93回大会（17年）から5区の区間距離が短縮されたことで、18・5kmから20・9kmに伸びた4区も準エース格の選手を起用するケースが増えた。

7区や10区は優先順位が下がるとはいえ、どの区間も重要であることには変わりなく、「この選手なら走ってくれるかも」といった甘い考えを持てば、そこがほころびとなって結果的に涙をのむことになるのが今の箱根駅伝だ。

今大会に関して言えば、2区を湯澤舜（4年）で行くことは夏合宿の時点で決めていた。絶対的なエースではないとはいえ、5月の関東学生対校選手権大会ハーフマラソンで日本人トップの2位に入っており、私自身も信頼を置いていた。

ハーフマラソン当日は気温30度とランナーには過酷な環境だったにもかかわらず、湯澤は自分の力を本番で発揮する「強さ」を持っていた。練習にも熱心に取り組み、どのレースでも大崩れせずにしっかりとまとめてくれるタイプのランナーだ。

２区は後半に上り坂が待ち受けるタフなコースである。そうした走りができるタイプの選手がいるのは本当に大きかった。前回の２区で区間７位だった阪口を使いたい気持ちもあったが、けがで夏合宿から10月まで十分な練習を積めておらず、２区では負担が大きいと考えたことも理由の一つだった。

山上りの５区には西田壮志（２年）を抜擢した。高校時代から上りが得意で、本人も希望していると聞いていた。テクニックの面で走法が合う、合わないというのもあるが、箱根の山はとにかくその厳しいコースに臆することのないメンタルが大事だ。まずは気持ちで負けない。そんな気概を西田は持っている。

２年連続で６区を走っていた中島怜利（３年）についても迷うことはなかった。９区の湊谷春紀（４年）も早々に〝裏の２区〟への起用は決めていた。前回も同じ区間を走っていたこともあったが、駅伝主将として後輩からの信頼も厚く、湊谷が９区にいることがほかの選手への安心感につながればと考えていた。

そして、１区には集団走の得意な鬼塚翔太（３年）、３区は長い距離でも持ち味であるスピードを生かせる西川雄一朗（３年）、４区と７区には細かなアップダウンを苦にしない館澤亨次（３年）、阪口……。そのようにして選手の区間配置を考えていくと、10番目に入れたとしても、箱根が大学駅伝デビューになる小松のような選手にどの区間を任せるか、ギリギリまで決まらないという状況にならざるを得ない。

中島が大会直前に脚を痛めたときは小松と6区の下見に行った。「10区もあり得るぞ」と言ったこともある。区間エントリーで小松を補欠扱いにしたのは、湊谷同様に不測の事態に備えてのことだった。

小松の調子が上がってきているのはわかっていたので、本人にはこう伝えていた。

「必ずどこかで使うことになるから、しっかり準備しておきなさい」

小松としてもどこを走るかわからない不安はあっただろう。だが、調子は上げておいてくれた。最終的に8区と決めたのは、号砲の迫る12月30日。「これから見に行くぞ」と小松に呼びかけ、まるで飛び乗るようにして車で一緒にコースを確認に行った。

もともと8区を予定していた松尾淳之介（3年）や2年時に8区を担った館澤は、約1カ月前に下見を済ませている。小松は8区候補のメンバーにも入っていなかった。チーム関係者の中には「どれだけ無駄な下見をさせるんだ」と思う者もいたかもしれない。たとえば湯澤には、夏から「2区だぞ」と伝えており、心も体も十分に準備する時間があった。小松は4日間できっちりとコンディションを合わせ、よくぞあれほどの走りをしてくれたと思う。

それまでの8区の区間記録は、1997年に古田哲弘選手（山梨学院大学）が打ち立てた1時間4分5秒。区間距離が変わっていないとはいえ、全10区間の中で最古の区間記録だった。

小松の走りは、東洋大を引き離してからも快調そのもので勢いがあった。残りの距離が少なくなるにつれて、区間記録の更新が見えてきたのである。

私は、腕時計についたGPS装置で距離とタイムを計測しながら小松を見ていたが、1㎞ごとのラップが、上りにもかかわらず3分を切っていた。それまでずっとほぼ3分ペースを刻んできて、上りになっても3分ペースが変わらない。最後の1㎞までは明確ではなかったが、残り1㎞になって、「あれ？　残りの距離を3分20秒で走ったとしても区間新記録が出るじゃないか」と驚きが一気に大きくなった。

一方で箱根駅伝史に残る局面ではあったが、それによって運営管理車の車内が盛り上がるということはない。ドライバーは運転に集中しているし、関東学生陸上競技連盟サイドの競技運営委員と走路管理員は中立的な立場で乗車している。

コース沿道の要所に部員を配置しており、そこからの情報を仕入れなければいけないため、連絡役を兼ねている主務の木村大周（4年）とはわりと会話をしているものの、何でもかんでもしゃべっているわけではない。

通常は集中して戦況を見守っており、選手に声をかけられるポイントで何をどう伝えようかと、その内容を頭の中で整理しながらレースを見ている。私自身が緊張していて必要以上のことは話せないという場面もある。

最後まで快走を続けた小松は1時間3分49秒をマークし、区間記録を22年ぶりに更新した。信じられないような、神がかった感じがあった。そして、レース後には金栗四三杯（大会の最優秀選手賞）に輝いている。

「箱根は何があるかわからない」とはよく言われる言葉だが、今回の小松にはいい意味でそれが当てはまった。

悲願の箱根初制覇——歓喜の胴上げへ

レース後のインタビューなど、いろいろなところで話してきたが、総合優勝を確信したのは10区のアンカー郡司陽大（3年）が16・6㎞の田町駅を左に折れ、日比谷通りに入ってからだった。

コースの各ポイントに配置している部員には、選手が自分の前を通過したら、東海大学とライバルチームのタイム差を主務の木村に報告させていた。鶴見中継所を3位でスタートした青山学院大学の鈴木塁人選手（3年）が2㎞過ぎで前を行く東洋大をかわして2位に浮上したため、その時点で東海大がマークする対象は、前回王者の青学大になった。

郡司は夏合宿でしっかり練習をこなし、小松と同様、調子のよさをアピールしながら駅伝シーズンを迎えていた。学生三大駅伝の出場経験がなかったとはいえ、夏ごろから箱根の区間配置を頭でイメージしていく中で、「どこかで起用する選手だな。出雲のような距離の短い駅伝は難しいが、箱根には入ってくるだろう」と考えていた。

本番に弱い傾向がある郡司の性格を考慮すると、小松のようにいきなりは使いづらい。ところが、主力に故障者が出たこともあり、出雲と全日本に出場させることになった。夏合宿でも好調だった郡司にとっては幸いであり、大学駅伝の出場経験者が増えたことは、チームにとってまさにけがの功名だったと感じている。

とはいえ、郡司は18年の男鹿駅伝競走大会というローカル大会での失速など、何度かレース本番で失敗したこともある。アンカーに据えるのは、正直なところ度胸が必要だった。

10区は關颯人（3年）の起用を考えていないこともなかった。關は1年時に箱根の２区を走り、出雲や全日本でも主要区間を任せてきたチームの主軸である。今季は全日本後に故障で練習から離脱したが、調子も上向きで、箱根も走ろうと思えば走れる状態だった。

だが、ここで完全なコンディションではない關を使ってしまうと、実力的に中間層のポジションにいて走れなかった選手たちに、「また關か」「どうやったら自分たちはメンバーに入れるんだ」という不信感を植えつけてしまう。それに、10km前後ならまだしも、20kmをこえると、距離適応という意味では郡司の方が優位だと考えた。だから今回は実績よりも調子のよさで郡司に託したのだ。

青学大・鈴木選手の追い上げはすさまじかった。郡司が走り始めたときに3分43秒あったリードは、残りあと10kmというあたりで3分4秒に縮まっていた。普通に走ることができれば、10kmで3分は十分すぎるアドバンテージであるのだが……。

前回大会で東海大は、アンカーの川端千都（当時4年／現・コニカミノルタ）が低体温症に陥って終盤の20km以降に失速。つかみかけていた3位入賞から5位に転落したという苦い経験がある。そうしたアクシデントが再び起こらないとも限らない。

10区が始まる前、各ポイントにいる部員からは「日比谷でものすごい向かい風が吹いている」という情報が入っていた。蒲田のあたりを走っていたときは無風だったので、どういうことかと思ってもう一度確認すると、やはり間違いないという。

そこで郡司には出走前に「手袋を持って走るように」と指示し、ナンバーカードをビニール袋に入れて、そのまま安全ピンでユニホームに貼り付けさせた。郡司はお腹が弱いので、冷えてしまうことを危惧したのだ。

ナンバーカードの保温効果でお腹を守るという方法は、私自身、大学生のころにやっていた。同じ目的で、山中に入る5区や6区ではナンバーカードをテープで貼りつけているチームもある。ただ動きやすさを考えると、絶対にテープよりもビニール袋の方がいい。

いずれにしても、そうした配慮が奏功したのか、じわじわと詰まっていた郡司と鈴木選手とのタイム差が、日比谷通りに入ったあたりから1kmごとに2秒、3秒と逆に開き始めた。その事実から私は、「これは鈴木君が前半、無理して入ったな」と感じた。

郡司は余裕を持って入っており、余力があった。確かにビル街に入ってからの向かい風は強かったが、本人は細心の注意を払いながら冷静に走っている。このような展開でもう一度離し始めたら、差が詰まることはそうないと私は自分の経験から知っていた。

そうなったらこっちのものだ。よほどのアクシデントや失速がなければいける。大会後のテレビ番組で私が車中で涙を拭っている様子が映されたそうだが、それはおそらくこのあたりの場面だったはずである（私自身には泣いた記憶がないのだが……）。

「本当に勝っちゃうんだなぁ。それが今年だったか」

優勝を確信したとき、私の胸に去来した思いは、涙とは裏腹に実にささやかなものだった。まだレースの最中で、運営管理車に乗っていたということはある。だが、「やったぞ！」と爆発させるような喜びもなければ、涙がとめどなくあふれ、目の前の光景が輝いて見えるということもなかった。不思議なことに、どこか客観視している自分がいた。

大手町で運営管理車を降り、木村と握手を交わした。そこから郡司を迎えるためにフィニッシュエリアに向かうと、幾重にも重なったファンの方々からものすごい大歓声で迎えられた。派手なガッツポーズでもしようかと思ったが、私自身がゴールするわけではない、と冷静になり、手を振って応えるだけにした。

たくさんのカメラマンの奥に、選手やヘッドコーチの西出仁明先生らが横1列に並んでいた。「よくやったな」と、一人ひとりと握手やハイタッチをした。西出先生と握手し、抱き合ったときには感極まり涙がこぼれた。

チームのアドバイザーであり、科学トレーニングの分野でご尽力いただいた東海大スポーツ医科学研究所教授の寺尾保先生や駅伝チームのＯＢでコーチの小池翔太とも喜びを分かち合った。特に寺尾先生は駅伝が大好きで、箱根での優勝を夢見ておられた。この春には退任されることが決まっていたので、最後に一緒に勝てて本当によかった。

ところが、肝心の郡司がなかなか戻ってこない。「遅いなぁ。何かあったんじゃないだろうか」と心配しかけたが、よく考えたら私や木村は銀座通りに少し入ったあたりで車を飛ばして先にゴール地点へと到着している。そこからまだ残り２㎞弱はあるので、そんなにも早く走ってこないのは当然だった。私自身の中に、ゴールの瞬間が待ち遠しいという思いがあったからこそ、そんなふうに感じたのかもしれない。

それから数分後、元気に走ってきた郡司が初優勝のゴールテープを切った。

総合タイムは10時間52分９秒。現コースとなった17年以降で最速となる大会新記録だった。

歓喜の胴上げが始まった。アンカーの郡司、次に駅伝主将の湊谷が宙に舞う様子を少し離れたところから見ていた。いよいよ私の番になったとき、「5回上げてほしい」と注文を出した。よくある胴上げシーンはたいがい、3回くらいでなんとなく物足りないなという雰囲気のまま終わることが多い。そういう意味での5回だった。

勝ったことは信じられなかったが、選手たちの手で胴上げされる気分は格別だった。あれだけ注目されると、最高に心地がよかった。

後日、胴上げの姿勢について、「先生、胴上げされ慣れていましたね。初めての人は上げられている最中にきれいな姿勢はとれません」と言われた。佐久長聖高校時代、都大路などで何度か胴上げをしてもらった。その経験から、浮いているときに両手を高く上げたら格好いいというイメージはあった。

前回の箱根以降、86kgあった体重を69kgに減量した成果もあるだろう。箱根前の取材などではメディア向けに「胴上げのため」と言ってはいたが、実のところは健康目的で始めたダイエットだった。ただ、ランニングしているときは「優勝したら、どんなふうに上げてもらおうか」、そんな余計なことを考えながら走っていたことで頑張れた。

佐久長聖時代の胴上げも忘れられない思い出ではある。だが、東海大の箱根駅伝となると、創部59年目で46回目の挑戦であり、歴史的な重みが違う。歴代の先輩たちが一つひとつ積み重ねてきた経験やかみしめてきた悔しさが、この結果に結びついた。

期待してくださっている人の数や注目度も高校駅伝の比ではない。両者を比べるものではないが、あらためて箱根駅伝の大きさを実感し、同時に「勝負ごとはやはり勝たなければいけない」ということをしみじみと感じた。

打倒・青山学院大学

19年の95回箱根駅伝は、下馬評では青学大が優勝候補の大本命に挙げられていた。前回大会まで4連覇を果たし、この年度も出雲駅伝と全日本大学駅伝で連勝。16年度以来の「学生駅伝三冠」に王手をかけていた。

青学大の強さとして、選手層の厚さや絶対的なエースの存在を挙げる人は多い。確かにそれもあるが、私が見る限り、選手が自信たっぷりにレースを進められるところに強さがあると考えている。その自信はどんなに大きな舞台になっても揺らぐことがなく、他大学の選手が妙に緊張しているようなレースでも、適度にリラックスして力を出し切ることができる。原晋監督のマジックにうまくかかっているような印象が常にあるのだ。

今大会も実際に青学大が頭一つ二つ抜けているイメージがあった。東海大が勝つ可能性はゼロではないと思っていたものの、青学大に勝つのは厳しいだろうという気持ちの方が強かった。

あるスポーツ新聞では人工知能（AI）に順位予想をさせたところ、青学大が東海大に3分差をつけて勝つという結果だったらしい。別にその記事を信じたわけではないが、それほど今シーズンの青学大の強さは盤石で、隙が見当たらなかった。

私は東海大に籍を置くまで原監督との接点はほとんどなかったが、同学年ということもあってか、世間からはよくライバル関係にあると思われている。もちろん同じ陸上の指導者として、また、青学大に対して、ライバル心が全くないわけではない。

ただ、ライバルの捉え方にはいろいろあり、私にとって原監督や青学大は、強い相手を倒すために自分たちが頑張れる存在である、ということだ。当然だが、そこに憎しみや嫉妬心などはない。彼らが頑張るから自分たちがいろいろと考えさせられ、頑張れるし、強くもなれる。本当にありがたい存在だと思っている。

08年、都大路で佐久長聖が初優勝したとき、前年までの5年間で4度優勝していた仙台育英学園高校を破り、日本人選手だけのチームの最高タイムをマークした。今回の箱根も大会新記録で青学大の5連覇を阻止した。最強と言われるチームに勝とうとするなら、そういうハイレベルの記録を出さないと勝てない、ということなのだろう。

箱根後、原監督とはほとんど話していない。ほかのチームの監督からも祝福の言葉はひとこと、ふたことかけられる程度だった。

指導者間の関係性は、高校と大学ではずいぶんと違う。

基本的に県内単位の争いである高校は、県外の指導者同士の仲がよく、「一緒に合宿をやりましょう」といったことがよくある。大学の同窓生のような雰囲気に近い。

一方、大学は全国単位であるからか、指導者同士がそういう関係性になりにくい。頻繁に連絡をとり合ったり、合同合宿をしたりするチームも中にはあるそうだが、おそらくごく少数派である。そこに手の内は見せられないという思いが見え隠れする。

そもそも大学の指導者は、有望な高校生を獲得しようと、スカウトの段階で火花を散らしている。自分が狙っていた選手を持っていかれれば、その大学や監督に対して、敵対心のような感情が芽生えることもあるかもしれない。私はスカウトでそこまでのことはないが、それでも他大学の監督と良好な関係というのは築きにくいと感じることもある。

そうした状況の中で、王者・青学大の5連覇を阻止し、東海大が悲願の箱根初制覇を果たした。往路成績、復路成績がともに2位。区間賞も小松のただ1人だけだったにもかかわらず、出走した10人が各自の役割を全うし、ノーミスと言っていい、ほぼ完璧なレースを展開することができた。

一方の青学大は往路で6位と出遅れた。4区と5区で苦戦を強いられたことは、4連覇中は大きなミスがほとんどなかっただけに意外だった。私はレース前、総合優勝のためには往路で勝つことが最低条件と事あるごとに言っていた。それは果たせなかったが、結果的に青学大より前の位置で往路を終えられたことで、総合優勝への可能性がわずかに膨らんだように感じた。

だが、やはり青学大はさすがだった。復路で猛追を見せて巻き返し、総合2位でフィニッシュ。2人の区間新を含む4人が区間賞を獲得した。復路成績だけを見れば、東海大を35秒も上回っている。

仮定の話をしても仕方がないし、部外者である私に詳しい事情を知る由もない。だが、それを承知で言うなら、9区で好走し、区間2位の湊谷より46秒速かった吉田圭太選手（2年）が4区に入っていたら、往路がもっとスムーズに流れて違った結果になっていたはずだ。ひょっとしたら東海大の優勝もなかったかもしれない。

往路を制したのは、前回大会に続き東洋大だった。1区でトップに立って主導権を握り、4区のエース相澤晃選手（3年）が区間新の快走で後続を突き放した。先述したように、東海大は往路でもほぼミスがなかったと自負していたから、1分14秒差をつけられたことに、「強いなぁ」とただただ感服するしかなかった。

復路では8区の後半で小松が抜くまでトップを守り続け、最後は青学大にかわされたものの、総合3位に食い込んでいる。

東洋大はこれで11年連続総合3位以内に入った。各大学がしのぎを削っている学生駅伝戦国時代において、安定した実績を重ねてきた点は本当に素晴らしい。09年から指揮を執る酒井俊幸監督は、箱根駅伝で結果を出すコツを完全につかんでいると思う。

「その1秒をけずりだせ」というチームスローガンにもあるように、東洋大の選手は、苦しくなってもすぐにはペースが落ちない。簡単にはあきらめない。そうした原点をつくったのが、柏原竜二選手だったような気がする。

柏原選手は08年に東洋大に入学し、トラックや各駅伝レースで活躍した。箱根駅伝は4年連続で5区を走り、3度の区間新を含む、4度の区間賞を獲得。「山の神」と呼ばれ、チームを4年間で3度の箱根総合優勝に導いた。

いわゆる叩き上げの選手で、箱根にはめっぽう強かった。美しいフォームでさっそうと走るというタイプではなかったが、苦しい表情を浮かべながらも、積極的にぐいぐい引っ張り、どんなレースでも常に全力を出し切っていた。そのころから東洋大の強さが際立ってきていることを思えば、今に至る強さは柏原選手が残した遺産であり、彼が体現したメッセージは、現在のチームにも脈々と受け継がれていると感じる。

「速さ」を「強さ」へ

18年の94回箱根駅伝では、４連覇を目指す青学大、前哨戦の全日本大学駅伝を20年ぶりに制した神奈川大学とともに、東海大は優勝候補である「３強」の一角と言われた。しかし、最終10区で失速し総合5位に終わった。３強と言われていただけに少なくとも3位には入りたかったが、箱根の難しさをあらためて痛感させられる大会となった。

その経験から18年度のシーズンは夏から95回大会に向けて、選手たちに「今年こそは箱根で勝つ」と宣言し、「『速さ』を『強さ』へ」というチームテーマを掲げた。

今まではっきりと「箱根で勝つ」と明言したことはなかった。あえてそれをしたのは、練習への取り組み方や生活態度を見ていて、選手の中から「勝ちたい」という思いが感じられるようになったからだ。やっと「箱根で優勝」と口にできるチームになってきた。そう言い換えてもいい。

夏合宿に入る際のミーティングで、「箱根で勝つぞ」という話をしたが、後で湊谷から「そのときに先生の口から、初めて『箱根で勝つ』という言葉が出ました」と言われたことを覚えている。

陸上競技の長距離というのは、タイムですべてが決まるシンプルな種目だ。タイムが速ければ勝ちで、速く走れる選手が優れているということになる。だから私はこれまでトラックのタイムにこだわり、選手に速さを身につけさせることを指導の軸にしてきた。世界のトップ選手の多くが練習拠点にしているアメリカのように、高校生や大学生といった若い年代でしっかりスピードをつければ、社会人になってからも飛躍的に伸びるからだ。

そうした考えのもとで、学生トップレベルの証になる5000m13分台や、1万m28分台のタイムを持つ選手を育ててきた。94回箱根駅伝を迎えるころは、チーム内に13分台が15人、28分台が10人と、いわゆるスピードランナーが全大学の中で最多となり、どの大学にも負けないスピード集団ができていた。

しかし、そうした選手をそろえても、1区間が20㎞をこえる箱根駅伝は別ものだった。東海大は近年、毎回のように優勝候補に名を連ねながら結果を出すことができなかった。やがてチームは、こう評されることが多くなった。

「スピードはあるけれど、勝てない」

「速いけれど、強さがない」

そこで18年度は、前期のトラックシーズンにおいては例年のようにスピードを磨きつつ、後期の駅伝シーズンに向けた夏場は、持久力や「強さ」を磨こうと考えた。

とはいえ、20㎞以上もの距離を走る箱根を目指すべく、これまでこだわってきたスピードを捨てるつもりもなかった。スピードを生かしつつ、スタミナもつけて、箱根の頂を目指そうと考えたのである。

速さ、スピードというのは、ラストスパートに象徴されるように、選手本人や見ている側がスカッとする部分もあるが、それだけでは薄っぺらく、どうしても不安定さが同居してしまう。それに対して強さというのは、粘り強さやあきらめない強さを指し、どっしりと安定している。いわゆる味がある走りや泥臭い走り、というのも強さの一つだろう。ただ、強さは速さのように数値で表すことはできない。筋力トレーニングをしただけでつくというものでもない。

ではいったい、どのような取り組みで選手に強さを身につけさせようとしたのか。

長距離種目は、いろいろなことを我慢するというところがポイントになる。そこでまず、前年まで標高約１２００～１３００ｍの長野県・菅平高原を中心に行っていた夏の合宿地を長野県小諸市に変更した。標高約２０００ｍという高地にある小諸市の高峰高原はアップダウンがあり、練習環境も整備が進んでいる。じっくりと脚づくりをするには最適の場所だと判断した。

箱根駅伝の長い距離に対応するべく、より負荷のかかる高地で、走り込みを目的とした距離走を重視しようと考えたのだ。そして夏合宿が始まると、私は事あるごとに「箱根で勝つためだぞ」と言い続けた。

ところが、新しい場所での合宿ということで慣れていなかったからか、けが人が多く出てしまったのは想定外だった。私の感覚だと、それほどけがをするような場所ではないにもかかわらず、主力の鬼塚や松尾、小松らが足を故障した。時代の違いなのか、もしくは山が多い長野生まれの私と、そうでない今の選手との違いなのか、「ああ、ここで故障をしてしまうのか」という印象を持ったものだ。

長距離は、自分の身体を限界まで追い込んで力をつけていく種目である。予期せぬアクシデントもあるので、ある程度の故障はつきものだが、それでも今の選手は故障が多いと言わざるを得ない。

脚を痛めてしまうのは、基本的にはトレーニングに耐え得る脚ができていないということに尽きる。重要なのは、時間や余裕があったら少しでも距離を踏んで脚づくりをすることだ。そうすれば防げる故障はもっとある。

最近の学生は、故障の原因を日ごろのマッサージをはじめとしたケアが足りないからと考えがちだが、それは大きな間違いである。故障が多い選手に限って、やはり距離を踏んでいない。少しでも違和感があると、ゆっくりと走ることとさえもしないため、十分な脚づくりができず、弱くなってさらに故障しやすい脚になる。走って故障するのが怖いから、筋力トレーニングで補強しようとする。要は順序が違うのだ。

農家のおやじさんは畑を耕すために、筋力トレーニングはしない。農機具を使って畑を耕すことで、それに見合った体ができていく。ランナーも同じで、走ることに必要な力は走ることによって備えるのだ。補強はあくまでも補助的なものにすぎない。

だから私は日ごろから学生には「少しずつでもいいから走りなさい」「寮とグラウンドの間だけでも走りなさい」と言っている。だが、なかなかそれを理解し、実行する学生は少ない。

少しでも違和感があると何もしなくなり、痛みが完全に消えるまで何もしないでおこうと短絡的に考えてしまう。多少痛ければペースを落として走ればいいのに、走ろうともしない。その結果、脚づくりができず、また故障という悪循環に陥る。

そういう選手は何度も同じことを繰り返してきたから、そろそろわかってくれるだろうと、半ば期待して、「脚づくりの重要性」をわかりやすく説く。そのときはわかった感じを見せはするのだが、結局は自分の固定概念を崩せず、考えを変えることは難しいようだ。

だからといって、私は指導者として彼らを強く叱ったりはしない。大学生にもなれば自我が確立されており、わからないからと強く言ったところでなかなか変われない。それよりも、何度も何度も失敗して、そしていつか気づいて自分を変えていくことのほうが大切だと考える。

もちろん、アドバイスはするし、成長もしてほしい。競技で結果を残してほしいとも思っている。だが、「監督に怒られるからやらないといけない」ではなく、自分でその重要性や必要性に気づかなければ、選手としてはもちろん、人としても先がない。

高校までは成長期にあるため、体の成長と合わせてタイムも伸びやすい。しかし、大学生になったら頭を使い、心を磨かないと伸びない。体の成長がほぼ止まるからだ。陸上競技にはそういう特性がある。大学に入っても高校時代の自己ベストをなかなか更新できない者が少なくないが、そのような選手は走りの技術や体力ではなく、考え方の部分に原因がある場合が多い。

その点、95回大会のアンカーである郡司というのは素直なので、私の言うことに耳を傾け、それを実行しようとする。さらにその上を行くのが同大会で２区を走った湯澤だ。彼も本当に素直で、私の言うことをしっかり受け止めてくれる。故障を繰り返して結果が出なかったら、彼らのように自身の考えを変える勇気を持ってほしい。

変化しないものは滅びていくのが世の常である。人類は環境の変化に対応できる柔軟さがあったから、氷河期のような過酷な時代を生き抜き、今こうして生態系の頂点に立っている。多くの生物が進化という形で、環境や状況に合わせて生き方を変えている。

陸上競技で体の能力を高めたいと思ったら、自分の考えだけでひたすらに突き進むのではなく、他人の意見に耳を傾けたり、新しい練習方法を模索したりして変化する柔軟性を持たなければいけない。そういう意味で、96回箱根駅伝で連覇を目指すなら、優勝という目標は変わらなくても、失敗を恐れず新しい取り組みにチャレンジしていくことが大切だと考えている。

秋の駅伝シーズン

18年の94回箱根駅伝2区を走った阪口が7月に左足首を骨折した。小松は8月中旬に捻挫し、約1カ月走ることができなかった。2人のけがは、まさに事故のような形で起こったもので、これこそけがだった。先に述べたように夏合宿で腸脛靭帯《ちょうけいじんたい》を痛めた鬼塚も普段は故障するタイプではないから、その分、精神的なダメージも大きかったに違いない。

そんな状態で、決してすべての選手が万全だったとは言えない中で迎えた駅伝シーズンだった。10月8日の出雲駅伝で東海大は前回優勝校として連覇を狙ったが、青学大と東洋大に及ばず3位に終わった。

三上嵩斗（4年）、鬼塚、阪口、松尾と、前回の優勝メンバー4人を欠き、館澤は8月下旬のアジア競技大会から帰ってきて間もなかった。鬮も故障明けで万全ではないなど、ベストのメンバーをそろえることができず、持てるチーム力の5割も出せなかった。

それでも、学生駅伝初出場の郡司と湯澤が結果を残してくれたことは大きな収穫だった。郡司は5区で区間3位と力走し、アンカーの湯澤も6区で区間4位にまとめた。2人はその後の全日本大学駅伝でも存在感を示し、箱根駅伝の戦力として頭角を現すとともに、いい経験を積んでくれた。

11月4日の全日本大学駅伝は、前年と同じ準優勝だった。「打倒・青山学院大学」を掲げていたので、湊谷を配置した終盤の7区で青学大に逆転されての負けは実に悔しいものだった。もちろん、選手たちは前年以上に悔しがっていた。

その全日本大学駅伝では鬼塚が戦列に復帰し、新たな戦力として西田が出走メンバーに名を連ねた。2区の鬮で首位に立ち、7区途中まで先頭を走る緊張感の中でレースを展開できたことは、選手にとって貴重な経験になったと思う。前年と同じ順位ではあったが、前半から主導権を握れたことを考えれば、自信になった部分は少なくなかったはずだ。

出雲、全日本と2つの駅伝を終え、とにかく際立っていたのは青学大の強さだ。東洋大も強かったが、全日本はベストメンバーではなかったこともあり、例年よりは苦しい状況なのだろうかと想像した。

例年、全日本後の11、12月は記録会に出場する選手が多い。しかし、今年度は自分たちの弱さと向き合うことと、箱根の長い距離に対応するために、授業の合間を縫って千葉県富津市で合宿を張った。

記録会に出ず、適度にアップダウンがあるコースで走り込む。その選択には、メリットと同時にデメリットもあった。メリットとしては、距離を踏むことでスタミナがつき、後半の粘り強さや勝負強さが身につく。まさに「『速さ』を『強さ』へ」である。

その反面で、記録会に出場しなければ1年間を通してつけた力がタイムとして残らない。タイムを残さなければ、次年度の春先から行われるレベルの高いトラックレースに出るための参加記録を持たないことになり、主に4月に行われる兵庫リレーカーニバルや織田幹雄記念国際陸上競技大会、6月の日本選手権にも出場できない。

そうなると、学生のオリンピックとも称されるユニバーシアード競技大会や世界選手権が遠のくことにもなる。箱根の後は通常だと4月ごろまでトラックレースがないため、次のシーズンのレースを見据えた場合、11月や12月にタイムを出すしかないのだ。

こうしたチーム方針の転換は大きな決断だったが、実力者が多い今のうちに箱根駅伝優勝をしっかり狙っておかないと、千載一遇のチャンスを逃してしまいかねないと考えたことは事実である。

一方、箱根を目指すうえでの恩恵も多い。体の強さが身につくという点は、その最たるものと言える。

1500mで結果を残している館澤は、箱根駅伝も目指す中で本当に強くなった。連戦もきくようになり、1500mではラストまで持つスタミナがついた。17、18年の日本選手権連覇はその証しだ。スピードはもともとある方だったが、そこにスタミナが加わった。

日本選手権 1500 m を連覇
した館澤亨次。持ち前のス
ピードと駅伝で培ったスタ
ミナを武器に、世界選手権
でも好成績を期待したい

箱根駅伝の効果は大きかった。

そのようなメリットやデメリットを考えながら、私は、チームとして箱根での優勝を目指すことを宣言し、選手たちに「次の箱根で勝つぞ」と伝えたのだった。一部の主力選手には「世界を目指す人間が箱根で負けていていいのか」という言い方でハッパをかけた。

どんな決断にもメリットやデメリットがあり、最終的にそのどちらを採るかというのは難しい。その場をよく観察し、しっかりと状況を見極め、最善の策を採らないと生き残れないからである。いわゆる「黄金世代」が3年目を迎え、その機が熟したと判断した。

ところで箱根駅伝では、出場する各チームが12月10日に、16人以内の選手を登録する「チームエントリー」がある。

11月後半からそこに入る可能性がある20人ほどで合宿を行ったが、16人を決める際、落ちる者も含めて選手を集め、「この16人で行く」と発表した。今季の大会データや客観的資料をそろえ、今の調子やけがの状況を考慮し、その16人である意図を説明したのだ。

これまでこのタイミングで出ることがあった不協和音を、あえてオープンにすることで封じ込める狙いもあった。

ただ、ぎりぎりで落ちた者をさらし首のような状況にしてしまう危険も考えられたので、部員全員の前で発表することはしなかった。

ここで落選した1人が、5000m13分台、1万m28分台のタイムを持ち、本戦出場経験はないものの、93回、94回とエントリーの16人に入っていた髙田凜太郎（3年）だった。

このとき、調子だけで言えばエース格の關も、髙田も大差はなかった。だが、ここで關を外してしまうと、他大学やファンから「東海大に何があったんだ？」「チームの調子が悪いんじゃないか？」と思われるだろう。横一線ならば、持ちタイムや過去の駅伝での実績を評価していくことになる。髙田の箱根駅伝に対する思いの強さもこれまでの頑張りの中から十分に伝わってきた。

そうしたうえで關を補欠に入れておき、「關はどの区間に入るんだ？」と他大学に考えさせた方が、戦略の点からも東海大にとって得策だ。そこにいた選手たち全員に考えさせたうえで、髙田に「どう思う？」と尋ねると、「今の説明で納得しました」と言ってくれた。

レース直前の12月29日には、「区間エントリー」があり、エントリーメンバー16人の中から、１区から10区の選手を配置する。６人は補欠に回るが、補欠選手は往路の１月２日、復路の翌３日に、合わせて４人まで当日変更で区間エントリー選手と交代できる。

区間配置を考えた当初、私は４区に館澤を入れていた。チームエントリーのときと同じように、選手たちに「これで行くぞ。どうだ？」と見せると、３区に入った西川が「先生、館澤は一度補欠に回しましょう。館澤、いいよな？」と言ってきた。風邪や故障など、不測の事態が起きたときのために、「館澤は外しておいた方がいい」と言うのだ。

もちろん、私ももしもの場合のことを考えていなかったわけではない。あえて、湊谷を補欠に回し、湊谷には、「９区を任せるつもりだが、どの区間でも走れるつもりでいなさい。アクシデントが重なったとき、その穴を埋められるのは主将である湊谷だからな」と話していた。万が一、２区の湯澤がインフルエンザにでもかかったとき、弱い選手を補欠にしておいたら一気にチーム力が落ちる。湊谷であれば全区間カバーできる。

ただ、厳密に言うと、往路と復路のメンバーはそれぞれ分けて、ピークを持っていくタイミングを1日ずらして調整をしていた。西川の進言は、そういうことを理解したうえでのものだった。

「よく考えているなぁ」と、私は素直に感心した。

全体を見ている西川はこの1年、本当にいろいろな意見をくれた。「各自で行うジョッグが少ないので、もっと増やしてほしい」と言ってきたのも西川だった。

西川のように自分できちんと考えて取り組める選手には、いくらでも各自で、あるいは自由にやらせてもいい。ところが、考えが短絡的な選手は「各自でやりなさい」と言うと、限りなく楽な方向に持っていく。

勉強でもそうだ。予定されていた授業が休講や自習になったとき、時間を無駄にせずに真面目に自習をできる者がどれだけいるだろう。「やったぁ」と喜び、寝られる、〝内職〟ができる、漫画が読めると、自習をしない学生の方が圧倒的多数である。残念ながら今の東海大の学生にもそういうタイプの選手がいると感じられる。

西川の言いたいことも十分に理解できたが、できそうもない選手がまだまだたくさんいる以上、各自のジョッグばかりを増やすわけにはいかない。

それでも、西川がそう言ってきて、「東海大もずいぶん変わってきたなぁ」と感じたのも事実だった。彼のような選手が増えてきたら、東海大はもっといいチームになれる。決戦を間近に控え、私の自信は少しずつ大きくなっていた。

2011 年、東海大学陸上競技部駅伝チーム監督に就任。
左から宮川千秋陸上競技部部長、筆者、山下泰裕体育学部長

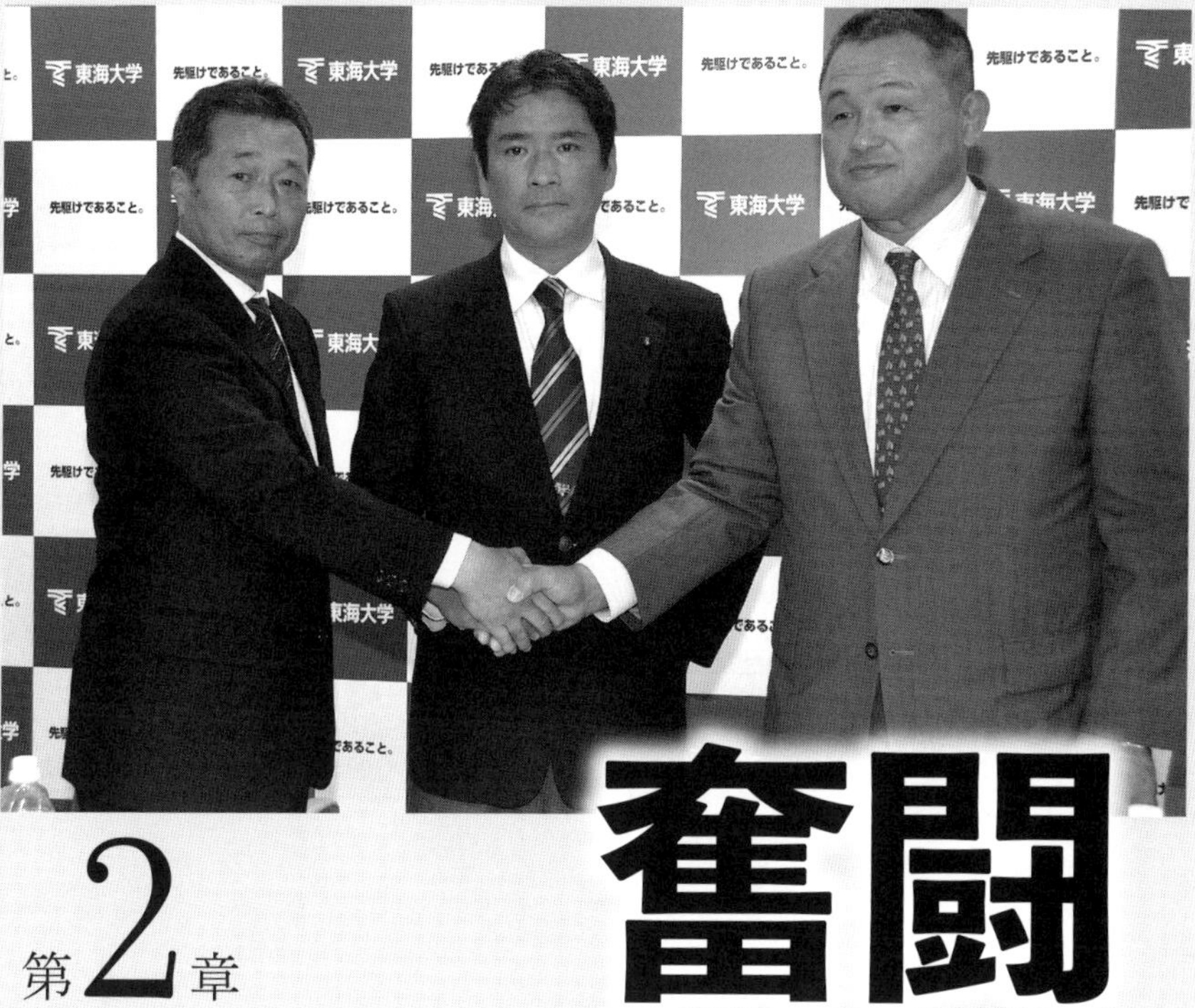

第2章 奮闘

青天の霹靂

2010年のある日、東海大学で当時体育学部長だった山下泰裕先生と、東海大陸上競技部部長の宮川千秋先生が長野県にお越しになり、駅伝監督就任の要請を受けた。長野市で行われた高校新人戦の時期なので、9月だったと思う。

あまりに突然の話で、とにかく驚いた。

佐久長聖高校での駅伝や陸上の指導は順調だったし、まだまだ佐久長聖で頑張ろうと思っていた。高校の近くに家を建てて、2年と経たない時期である。家族はすでにそこに住み慣れはじめており、どこかに移らなければいけない理由はなかった。

「新居先生はご存じなんですか?」と聞くと、「いや、まだ知らない」と言う。

これまで監督を務めてこられた新居利広先生は1985年、私の東海大入学と同じ年に陸上競技部駅伝チームの監督に就任し、本当にお世話になった恩師だ。当時は練習でも選手と一緒に走って鼓舞し、ご飯や温泉にも連れて行ってもらい、それはかわいがってもらった。

私が東海大学第三高校(現・東海大学付属諏訪高校)にいたころは指導者がいなかったため、初めて経験豊富な指導者のもとで競技に取り組んだのが大学時代だった。だからこそ、大学に入ってすぐに成長できたし、1年目から箱根駅伝も走らせてもらえた。新居先生にとっても私はかわいい教え子だったのではないかと、勝手に思っている。

その恩師が退かなければならないということだが、まだ本人に伝わっていないのであれば不義理なことはできない。私はその場で監督就任要請の話を断った。

ただその後、一人になったときに考えることもあった。

佐久長聖では、都大路で全国優勝を果たし、教え子がトラックなどで6種目の日本高校記録を塗り替えた。佐久長聖の監督に就任してから、成績は常に右肩上がりだった。高校でやれることはひと通りやってきたはずだ。

では、次の目標は何だろう。引き続き、連覇や記録更新といった目標を持ってできる部分は当然あったが、このままずっと右肩上がりで行けるものでもない。人生には落ち目になる時もくる。だったら順風満帆の状態で新たなステージに行くのもありではないかと考えるようにもなっていった。

佐久長聖で監督に就任した当初、職員会議で同校創設者の市川千晃先生が「駅伝と野球は全国大会がNHKで生放送される。高校のPRにはもってこいだ。全教職員がこの2つのクラブに協力しなさい」と言われた。

実際、学校側からの支援も厚く、就任して何年かは「どれだけ奨学生を獲ってもいい。とにかくいいランナーを育て、強いチームにして都大路に出場してくれ。そして選手を箱根駅伝に送り、佐久長聖の名前を全国に広めてほしい」と言われていた。

すごいことを言う人だと感心した以上に、それが大きなプレッシャーにもなっていた。

私自身の授業の回数を減らしてもらうなど、周りの先生には迷惑をかけた。だから特別な状況への理解を深めてもらうためにも、生徒たちに生活態度、授業態度はほかの生徒より際立ってよくするよう望んだ。いろいろな方にお世話になって、08年に都大路を制してからは、「次はどんな活躍を求められるのか」と考えることもあった。

再度、山下先生と宮川先生がいらっしゃった。有名人である山下先生は体も大きく目立つため、佐久では会えない。会うのは長野市や軽井沢だったが、そのたびに「新居先生にも伝えてくれないと難しい」と私は難色を示した。

新居先生は知らないということが、私としては気にかかった。宮川先生も新居先生に言いづらかった部分はあったと思う。現場には学生もいる中で、現監督に「来年度は交代する」とは言いにくい。監督が代わるときは、どんな場合でもそのタイミングが難しい。

そうこうしながら、その年の12月24日、都大路が行われる2日前の京都で、新居先生とお会いした。

「お前のところに山下先生と宮川部長が行ったのを聞いたよ」

「新居先生はどう思いますか？」

「東海大を率いるのはお前しかいない。俺の次はお前にやってもらえないか」

その言葉を恩師の口から聞いて、私の腹は決まった。

佐久長聖からは佐藤悠基（現・日清食品グループ）や村澤明伸といった教え子が東海大に進学している。私の母校でもある東海大の駅伝チームはそのころ、いろいろな問題を抱え、選手への十分な指導がなされていないと聞いていた。

新居先生としてもさまざまな事情があり、現場での指導が難しくなった。新居先生自身、やり残したことがある中で教え子に次を託さなければいけない。私が佐久長聖で順調にいっており、家を建てたこともご存じだったから、「無理を言って申し訳ない」という雰囲気の方が強かった。

最初にオファーがあったときから妻には相談していた。結論は新居先生次第という感じになりつつある中で、「お前しかいない」と言っていただいたので、その言葉をそのまま持ち帰った。妻には「もう（東海大に）行くつもりでいるんでしょ?」と言われ、「それでもいいか?」と尋ねると、「仕方ないじゃん」と笑ってくれた。実業団で選手だった時代は移籍や引っ越しも何度か経験しており、「また引っ越しか」という感じだったのだろう。

監督として13回目の出場となった都大路を7位入賞で終えた私は、年の瀬も押し迫ったころ、宮川先生に「お世話になろうと思います」と伝えた。

新年が明け、箱根駅伝を例年のように観に行くと、当時2年生の村澤が2区で最下位から17人抜きという快走を見せてくれた。レース前、村澤に会ったが、そのタイミングで「4月から自分が監督として行く」とは言ってはいけないと考えたことを覚えている。

その日は箱根の宿に泊まり、お世話になっていたほかの高校の先生方に「東海大の監督就任を前向きに考えている」と話した。隣の部屋には、当時福井県の美方高校監督だった西出仁明先生が泊まっていた。そのときには話さなかったし、3年後に私が率いる東海大にヘッドコーチとして来てもらうことになるとは、私自身、想像していなかった。もちろん西出先生もそれを知る由もなかった。

東海大の監督を引き受けるにあたり気がかりだったのは、春に佐久長聖に入学してくる新入生のことだった。私が勧誘している8人の中学生だ。

佐久長聖では、部員全員が親元から離れて寮生活を送る。本人も親御さんも、私が決断するのと同じか、それ以上の覚悟を持って佐久長聖に行こうと決めていたはずである。私が指導するからと進学を決めてくれた子たちだった。

それなのに入学してきたら、私は佐久長聖にいないということになる。どう説明したらいいものかと弱ってしまった。

中には進路変更を考える子もいるかもしれない。ただ、それが夏ぐらいまでなら選択の余地もあっただろうが、卒業を間近に控えた1月のことである。切羽詰まった時期に入っており、もう変えようがなかったというのが事実だった。

そのことを山下先生に相談すると、山下先生は「わかりました。では、私が中学校に行きます」と、ある中学校への謝罪と説明に同行してくださった。

「両角先生にはなんとしても東海大に来てもらわないといけません。申し訳ありません。でも、佐久長聖に行ってほしい」

先生や親を前にして、そう真っすぐな言葉で頭を下げた。私が頭を下げるのは当然としても、まさか山下先生まで頭を下げてくださるとは思ってもいなかった。

私の後任監督には、佐久長聖の卒業生で教え子でもある高見澤勝に就いてもらうことにした。高見澤は山梨学院大学を卒業後、実業団を経て、私のもとでコーチとして3年間支えてくれた。初めて東海大の監督のオファーがあったときも、「もしかしたらこの要請を受けることになるかもしれない。お前、俺の後を継げるか」と伝えていた。

その後、東海大に誘われるたびに「また会ってくるよ」と言っていたので、彼の中では

「話が前向きに進んでいるんだな」と感じていたかもしれない。

親御さんや先生には、自分にこういう事情ができてしまって申し訳なく思っていること、しかしながら、3年間、一緒にやってきた高見澤が後任として監督になり、私と同じような指導が受けられると思うので、どうか彼を信頼して進路を変えないでもらえないか、ということをできるだけ誠実に説明し続けた。

千葉の中学から勧誘していたある選手は、その直後の全国都道府県対抗男子駅伝競走大会で素晴らしい結果を残していた。中学校に伺うと、同席した父親は熊本県出身だった。山下先生も熊本の出身であり、郷里の英雄が自分の息子のために目の前で頭を下げてくれたのを見て、「進路は変更しません。ぜひ佐久長聖にお世話になりたい」と言ってもらえた。本当にありがたかった。

その後、佐久長聖側にも「東海大でお世話になりたい」と伝えたとき、もう一つの驚きがあった。佐久長聖の理事長、校長、事務局長が東海大の湘南校舎を訪れ、当時の髙野二郎学長に頭を下げてくれたのだ。

「両角先生は佐久長聖を名門へと育て上げてくれた素晴らしい先生です。東海大に行かれるのは悲しいが、両角先生にぜひよくしてあげてほしい。よろしくお願いします」

そうしたことは普通では考えられない。私はつくづく、自分が長野でよい人の縁に恵まれているということに感謝と感動を覚えた。

クロカンコースの整備

11年1月17日、佐久長聖で記者会見を開き、同校駅伝部の監督を3月末で退任、4月から東海大で陸上競技部駅伝監督に就任することを発表した。

当初の予定通り、後任監督には高見澤がコーチから昇格した。

私が佐久長聖に着任して3年ほど経ったころ、学校側から「もう1人採っていい」と言われ、指導やもろもろの仕事を手伝ってくれるコーチを探した。だが、教え子をコーチにしようとしても、佐久長聖ではゼロからスタートしたこともあり、適任者がなかなか見つからなかった。ならば待とうと、私は一人で指導を続けた。

それから数年後、最初に声をかけたのは、佐久長聖から東海大に進んだ市村一訓だった。市村はリーダーシップもあり、ちょうど大学を卒業するタイミングだったことも、コーチ就任を打診するには都合がよかった。市村なら受けてくれるだろうと期待していたが、卒業後は小森コーポレーションで競技を続けるという。

そこで白羽の矢を立てたのが、佐久長聖を卒業後、山梨学院大で3度、箱根駅伝に出場し、日清食品で競技を続けていた高見澤だった。

当時の高見澤は社会人4年目。まだ競技力もあり、自分の目標を追求してほしかったから、コーチは適任ではないと思っていた。だが、市村との話がまとまらず、高見澤もやや伸び悩んでいたこともあり、佐久長聖でのコーチ就任の話を持ちかけた。

高見澤には、日清食品を退社し、高校教員クラブ所属という形で、現役選手としての活動も続けてもらった。指導だけでなく、生徒と一緒に走りながら手本を見せてほしいと思ったからだ。高見澤は、佐久に来た08年の夏に北海道マラソンで優勝している。それほどの選手に練習でペースメーカーをしてもらえるのはチームにとっても大きく、非常にありがたかった。

余談だが、毎年8月に行われる北海道マラソンは佐久長聖と不思議な縁がある。高見澤が勝った年に、佐久長聖は都大路で初優勝を果たした。それから9年後、村澤が北海道マラソンを制した17年には、佐久長聖も2回目の都大路制覇を遂げている。私の教え子が勝つと、佐久長聖も都大路で勝つというジンクスがある。

私は高見澤と3年間、一枚岩で指導にあたってきた。寮で生徒と一緒に生活をして、24時間生徒の面倒を一生懸命見てくれた。ただ、彼が40歳や50歳になってもコーチのままでいるのはかわいそうだ。そのためにも、どこかの高校で監督になってほしいと考えることはあった。結果的には、かなり早くその役目が回ってきたということになる。

後任監督をあらためて頼んだ際、高見澤には「一人で背負い込むのは大変だから、高校に要望を出して、今のお前のポジションにあたるコーチを採ってもらうから」と話していた。そこで再び市村へと声をかけた。

私の東海大への監督就任が公になってから、佐久長聖の動きは速かった。

3月まで小森コーポレーションの所属だった市村が、1月の私の退任発表後にコーチ就任を決めると、常勤として雇う手はずを2週間で整えてくれた。私がいなくなることで不安を抱く保護者に対する配慮だった。当時、高見澤は27歳、市村は25歳。ほんのわずかな時間ではあったが、私を含めた3人体制で指導にあたることができた。

私は生まれが諏訪で、小学校から高校卒業までは茅野で過ごした。その後、選手として各地を転々としながら現役引退後に佐久に来た。人生を振り返って最も長く住んだのが佐久ということになる。身近によくしてくださった先生もたくさんいたので、故郷を離れるような寂しさもあった。

しかし、感傷的になってばかりもいられない。よし、新天地で頑張ろうと思ったところで日本中を震撼させる出来事が起こった。11年3月11日の東日本大震災である。

当日は被害状況がよくわからず、翌日に長野陸上競技協会が予定してくれていた私の送別会も強行する形で行われたほどだ。そこからは日本中がガタガタで、佐久でも計画停電が実施された。引っ越しも業者がつかまらなかったので、自分で軽トラックを借りて、東海大のメーンキャンパスである湘南校舎がある神奈川県平塚市の新居まで何度か往復した。中学校3年の次男が高校に進むまでの1年間は、私一人だけが平塚に住むことにしていたから、荷物が自分の分しかなかったのは幸いだった。

東海大駅伝チームの監督に就任するにあたって、大学側からの要望は一切なかった。佐久長聖では「5年で都大路に行ってくれ」と言われて監督になったので、目標を立てやすかった。東海大では新居先生の代わりに就任したという流れだったので、箱根駅伝は当然、重要な目標であり、期待もあったと思うが、誰からも具体的に「勝ってほしい」とか「こういうチームをつくってほしい」と言われることはなかった。

私にプレッシャーをかけないためだったかもしれない。さらに震災のゴタゴタも重なり、明確な目標を持てないような状況だった。

大学からの要望はなかったが、私の方からは学校側に２つのお願いをした。

１つは、学内にクロスカントリーのコースを造ってほしいということ。もう一つは、朝練習もしっかり見たかったので、キャンパスの近くに住みたいということだ。住居に関しては、大学の真横のような好立地の一戸建てを紹介してもらった。

クロカンコースについても許可をもらえた。私の指導はクロカンが中心であったため、そのための設備がないと十分な練習ができないのだ。佐久に建てた新築の家のようなわけにはいかないが、広さも十分で、何よりも大学が近い。

トレーニングの方法はバリエーションがあった方がいい。湘南校舎は有名テーマパークほどの広さがあり、全天候型のトラックを備え、ロードの練習もキャンパス内の道路でできる。しかし、自由に使用できる広い芝生のエリアや自然の地形を利用したクロカンコースのようなやわらかい場所はなかった。このまま指導していては、故障も多くなると考えた。

私は、佐久長聖の監督になった当時、自前のクロカンコースを造った。アップダウンがあり足場が悪い環境は、走るのに適さないと思われるかもしれない。だが、そうしたコースを走ることで選手の身体能力が高まり、結果的に競技成績の向上につながった。東海大でもその効果を狙ったというわけだ。

要望が通った勢いで、せっかく造るならと、コース全体に２㎝から３㎝四方のウッドチップを深さ10㎝まで敷き詰めてもらうこともお願いした。

佐久長聖は土のクロカンコースだったが、実業団時代に遠征したフィンランドのヘルシンキのことを覚えていたからだ。同地のナショナルトレーニングセンターの周りには非常に深いウッドチップのクロカンコースがあり、実際に走ってみると、反発を得られないので、足が沈んでとても走りにくい。しかし、ケニア人選手はそこをスイスイと走っていく。ここに日本人との差があるのかと感じた記憶があった。

フィンランドは１９２０年代から30年代にビレ・リトラやパーヴォ・ヌルミ、ラウリ・レーティネンやグンナー・ヘッケルトといった長距離の名ランナーを輩出し、70年代にはラッセ・ビレンが一時代を築いた。そこには、クロカンコースや芝生を使ったトレーニングが下地としてあったはずで、私はヘルシンキのウッドチップが敷かれたクロカンコースをいつまでも忘れられなかった。

私が要望したクロカンコースは、駅伝シーズンを直前に控えた9月下旬、第1期工事で湘南校舎の陸上競技場を囲む約６００ｍが完成。11月の第2期工事で全長が１・１㎞になった。陸上競技部全体で故障が増えていたが、このコースを活用することでロード走を減らし、足にかかる負担を軽減できる。私はそう確信した。

戸惑いと不安の中で

初めて選手と顔を合わせたのは、11年3月の震災後だった。

50人から60人いる選手を前にどのようにあいさつをしたか、何を話したかはまるで覚えていない。お互いに探り合うような雰囲気だった気がする。あいまいな記憶の中でも、私が来ることに期待をしている学生がいるんだと感じたことははっきりと覚えている。

ただ、私自身、まるで何もわからない状態だった。

普通なら前監督から引き継ぎがあるだろう。しかし、その時点で新居先生は指導から完全に手を引かれていた。何かあれば陸上競技部部長の宮川先生に相談していたが、先生も多忙だったのでわからないことがあまりにも多すぎた。大学内の様子も人間関係もわからない。規模が小さかった佐久長聖に比べると、東海大は全国にキャンパスが広がり、付属の初等中等教育機関も含めれば、とてつもない巨大組織である。

さまざまな人がひっきりなしにあいさつにやってきて、名刺はどんどんたまる。だが、顔と名前が一致しない。この人は教員なのか職員なのかと整理すらできなかった。

体育学部競技スポーツ学科の教員としての授業と並行して駅伝チームの指導もある。試合も次から次へと迫ってくる。新入生を勧誘するスカウトのことも考える必要がある。何から手をつけたらいいかもよくわかっていなかった。

4位に入った1月の箱根駅伝を見たとき、新年度は村澤と早川翼（現・トヨタ自動車）の新3年生2本柱を生かしながらチームをつくろうと漠然と思っていた。

それがいざチームを始動させると、力のある者はインカレや駅伝などの主要大会を意識して取り組んでいたが、それ以外の者はただ練習をこなして、明確な目標に向けて取り組めていないように見えた。村澤や早川のように競技を優先できる学生は全体の2、3割程度。多くの学生が走ること以外に気持ちが行っていた。タイムが伸びない者、故障している者に、そこからはい上がろうとするたくましさなどは希薄で、チームとしてのまとまりもあまり感じなかった。

佐久長聖では部員全員が都大路を目標に掲げ、まさにチーム一丸となっていた。ほかに目標があっても口にできないくらいの雰囲気で、目標に向かってひたすらに戦っていた。しかし、年齢的には高校生より大人であるはずの大学生なのに、多くの者がそうではなかった。

「なぜこうなのだろう。私もそういう選手への対策を講じなければならないのか」

学生時代のことが思い出され、暗い気持ちが私の心を覆った。

私の大学入学と同時に、新居先生が駅伝監督に就任した。

それまで監督を務めていたのは、マラソンで3度も五輪に出場した宇佐美彰朗先生である。監督が交代するとなったとき、2年生以上の多くの先輩が拒否反応を示した。「宇佐美監督の指導を受けたかったから入学したのに、なんで監督が代わるんだ」と。そこで新居先生と衝突することになり、新居先生も「やる気のない選手はみんな辞めろ」と一喝し、多数の選手を一気に排除した。

私も当然本望ではなかったが、チームを立て直すためにはやるしかなかった。

強い口調では言いにくい。やる気が見られない学生には、「アルバイトでもしてお金を稼いだ方がいいんじゃないか?」と積極的に言って回った。寝坊ばかりしている者や練習をさぼっている選手がいたときには、「それじゃあ無駄な時間を過ごしているのと一緒だ。陸上競技とは何か別のことをやるべきだよ」と、やんわりと退部を促した。

今では考えられないが、練習の初めに顔だけ出して寮に戻って寝ている者もいた。こんな子がいるんだと、私はにわかに信じられなかった。

マネジャーの吉川元や佐藤美穂（ともに4年）にも協力してもらってそのような選手と話す機会を重ねると、幽霊部員のような者は相当数が辞めていった。

着任した日に、部員が生活している寮にも行ってみた。

当時は寮が2つあり、特に第2寮は整理整頓が全くできていなかった。物やゴミが散乱し、驚くべきことに第1寮の食堂には缶ビールまで落ちていた。要は管理されていない。ただそこに住んでいるだけという感じだった。結局、缶ビールは私が片づけた。

いずれにしても、ゼロからのスタートにもならない。マイナスからのスタートだった。

陸上競技の長距離種目というのは、日々の生活がパフォーマンスに大きく影響する。どれほど結びついているか。それはもう１００％と言っていい。

長距離走は自分の持っているものをすべて出して、肉体の限界を競い合う。勝負のポイントになるのは、限界値がどれだけ高いか。走法などの技術には大きく頼ることができず、走り始めたらストップはできないので、チームスポーツのように途中で誰かに代わってもらうこともできない。ごまかしがきかないのだ。

たとえば昔のプロ野球選手の武勇伝で、朝まで酒を飲み、二日酔いでバッターボックスに立ってもホームランを打った、というような話を聞く。

陸上の長距離選手に限っては、そうしたことは絶対にあり得ない。ちょっと風邪をひいただけでもベストのパフォーマンスは発揮できない。

私は現役時代、あるレースに向けて充実した練習を積み、自信を持って本番前日を迎えたにもかかわらず、風邪をひいてさんざんな結果に終わったことがある。同部屋だった選手の風邪をもらったのが原因だったが、チームの場合、一人だけが高い意識でも、全体で変わらなければ意味がないと痛感した。

少し脚が痛くなってもいい状態では走れない。二日酔いなどもってのほかである。しかも、たとえ体調不良であっても、レースが始まれば選手交代は認められない。

もちろん、野球やほかの競技が簡単とか、ごまかしがきくという意味ではない。肉体的な限界と常に直面し、その限界がどれだけ高いかを争う陸上とは、競技の内容が根本的に異なるということだ。技術的な要素が少なく肉体の状況に左右されやすいからこそ、長距離選手には規則正しい生活が欠かせない。生活すべてが競技につながっていると断言できる。

さらに、長距離走に不可欠な持久力はつきにくく落ちやすいという特性がある。

野球やサッカーのような技術的要素が高い競技は、1週間練習強度を落としても技術レベルはそう大きく変わらないのではないだろうか。しかし長距離走においては、毎日しっかり走っている選手が1週間も走らないと、走力は急激に落ちてしまう。いや、3日間でも練習を休めば、走ったときに体がかなり重く感じるだろう。

だから長距離選手は、暑くても寒くても、たとえ雨の日でも、朝に晩に、繰り返し繰り返し走らなければいけない。技術系の練習はほとんどないので、ひたすら走る練習が中心になる。ただし、ほかの競技のように技術系の練習や連係プレーを磨く必要はないため、練習自体はコンパクトだ。ダラダラ長時間やるということもない。

紆余曲折があったが、19年現在では規則正しい生活の第一歩として、通常は朝6時に集合し、いくつかのグループに分かれて行う集団ジョギングから一日が始まる。朝練習は基本的に毎日行うが、試合の翌日や、全部員が体重、体組成などを計測する木曜日はフリーだ。計測する機械が1台しかなく時間がかかるため、木曜日は集合もない。

合宿に行けば、朝、午前、午後と3部練習になることがある。そういう場合は、朝は5時半に集合し、集団ではなく各自で走らせることもする。特に冬場は真っ暗で寒い。朝早くから走るのがおっくうに感じることもある。だが、生活のリズムをしっかりつくり、コンディションを安定させることで、風邪をひいたりけがをしたりするリスクが減り、継続した練習ができていく。自分でコンディションも整えやすくなり、好不調の波も少なくなる。

また、朝練習は本練習でできない部分を補うという側面もある。大学生なので「今日は5限目の授業があります」など、午後はさまざまな事情が入ってくることが多い。そうした事情がほとんど入らない朝は、トレーニングを継続する時間を確保できるのだ。

陸上だけでなく、ほかの競技のアスリートもこうした生活をしていけば相当にパフォーマンスが変わってくると思う。

仕事や授業がないのであれば、早朝に練習しなくてもよい。午前練習でいい。しかし、大学生は陸上競技だけをやっているのではない。朝9時から夕方4時や5時までは授業があり、自らのために勉強しなくてはならない。授業以外の時間で練習をしなければならないとなると、朝と夕方以降しかないのである。

長距離選手はまた、夜、寝るのも早い。

朝に早く起きるためには、十分に睡眠をとることも重要だ。アメリカの指導者は1日11時間の睡眠を推奨している。さすがに大学生にそれは不可能なので、私はいつも8時間は寝るように言っている。睡眠不足は体調不良にもなりやすい。

寮では、就寝時間こそ本人に任せているが、夜10時に点呼をとる。点呼の後に勉強するならまだよいが、余計なことをして過ごしている者もいるようだ。逆に、夜9時には寝たいので、部屋をノックしないでくれという学生もいる。寝たいというのに点呼のために起きていなさいと言うことはない。

合宿では夜9時に各自のスマートフォンを回収し、9時半には寝る。スマホを回収しないと、いつまでも布団の中でいじくっているからだ。

このように、いろいろなことを節制したり、我慢したりしながら生活し、体の感覚を研ぎ澄ましていく。食事を含め、生活のすべてが競技に直結し、生活の中に遊びの要素が入る余地が全くないのが、陸上競技の長距離走なのだ。

十分に睡眠をとり、ご飯をしっかり食べて、たくさん走る。究極的には、ひたすらそれだけを繰り返す。

陸上競技に携わっていない人から見れば、ストイックすぎるほどの生活かもしれないが、きちんとした生活こそ、好記録を残すための近道なのである。

例えが適切かどうかはわからないが、私は、長距離選手のトレーニング方法は走るためにすべてをささげる競走馬に似ていると思う。

だから合宿地を選ぶとき、ロード、陸上競技場、芝生、クロカンコースなどがそろった練習場所、おいしい食事、リラックスできる温泉と清潔な部屋があることを重視している。欲を言えば、標高の高さや季節に適した気候、ウエートトレーニング用施設の有無、首都圏からの近さなども加えたいが、まず何より食べて、寝て、走れることが大切なのである。

マネジャーの吉川〝監督〟

佐久長聖は全校生徒の約4割、400人から500人が寮生活を送っている。

教員たちも住み込みで、責任を持って生徒の生活の面倒を見てくれていたので、そこにあえて自分が介入していかなくてもよかった。私は授業と最低限の生活指導、そして駅伝部の指導に専念していればよかった。

ただ、駅伝部の選手は朝練習があり、一般の生徒とは違うスケジュールで動く。特別なことをさせてもらうわけだから、ほかの生徒よりも際立って生活態度はよくしなければいけないということはよく言っていた。先生たちに迷惑をかけるなど、もってのほかである。そのように生活をきちんとしたら選手の練習に取り組む姿勢も変わり、先生方も協力的になってくれて結果も伴ってきた。

東海大では、一人ひとりの生活も見ていかなければいけない。問題があれば改善し、手を加えていかないといけない。就任当初はとにかくやることが山積みだった。

「今日の練習は何をしますか?」「次の試合はどうしますか?」

矢継ぎ早に聞かれても、いや、まずはこの生活をきちんとすることからだろうと。そうは言っても、彼らには限られた4年間しかない。長い目では見られない。お金はどうしたらいいのか。予算はどこから出るのか。

さまざまなことの決定権が私に移行されたものの、その私本人がわからないことが多すぎた。もう放り投げたいと思ったことも一度や二度ではない。こうしようと考える前に、まずは現状を把握することから始めなければいけなかった。

私が着任当時、食事は学生が自分たちで作っていた。

献立は、新居先生の教え子である方に栄養管理から考えてもらっていたが、自分たちで食材を買いに行き、代金を支払って管理し、調理をして、食べた後の食器も自分たちで洗う。

私も、初年度は妻がまだ平塚に来ていなかったので、よく食堂で一緒に食べた。大きな鍋で料理をし、みんなで共同生活を頑張っているなと感心もした。逆に、今では現在の学生にもやらせたいと思う部分もある。

しかし当時の各大学を見渡しても、食事を自分たちで作っているのは東海大くらいだった。いくらきちんと作って食べていると言っても、親御さんにとっては心配の種になる。スカウトのあいさつに行って「食事はどうなっていますか?」と聞かれたとき、「学生自身が作っていますよ」では、敬遠される材料になる。私が大学生だったころとは違う。それに食事当番の負担はかなり大きい。

大人数の食事を作らなければいけない当番は、その日の練習をしなくてもいいというルールだった。確かに買い出しから洗いものまでやっていれば、大半の時間や気持ちがそこに奪われ、練習もおぼつかない。しかし、それでは強くなれない。

自分たちで食事を作るというのは、時代に合っていない。そう判断し、当時4年生だった男子マネジャーの吉川といくつかの料理代行業者を回った。その代金をどう調達するかも含めて考え、私の監督2年目からは食事に関してはすべて業者に頼むことにした。

門限や就寝時間もあり、そこも学生同士で管理できていた。大学生だから当たり前と言ってしまえばそれまでだが、私はその点も大したものだと思った。

しっかりできていることも、できていないこともあったが、年功序列のようになっていた寮の部屋割りを含め、それまで学生たちが築いてきたものがある。それを私が監督になったからといって介入し、すぐに変えてしまっては上級生も戸惑うに違いない。受け入れがたいこともあるだろう。だから改善すべきことも、徐々に手をつけていくことを意識した。

そうした中、あらゆる場面で頼りになったのが吉川である。すべてのことは彼に聞いたと言っても過言ではない。

練習はどこに集合するのか、何時から何時までに練習を収めた方がいいのか、寮生活や大学に関するありとあらゆることを教えてもらった。

吉川は和歌山の日高高校で都大路に出場し、箱根で走ることを目指して、父親の母校でもある東海大に進んだ。ところが1年時にかかとを痛め、選手として競技を続けることを断念。2年時からマネジャーに転向した。チームを4つのグループに分け、組織化することで強化を図ったり、北海道・紋別合宿を実現させたりしたのは、彼の功績によるところが大きい。私がスカウトでチームを離れるときは、練習を見てもらうこともあった。

吉川は地元で教師になることを志していたが、卒業後は東海大のスポーツ教育センタースポーツ課に就職し、チームへのサポートを続けてもらった。ちなみに、その3年後には教員になる夢をかなえている。

19年現在、私は学生一人ひとりの目標を聞き、西出先生がそれに合わせた練習メニューを個々に組んでいる。しかし、当時はとにかくバタバタしており、そのように選手とじっくりコミュニケーションをとることができなかった。チームとしても長期的ビジョンを描けなかった。そもそも大学の試合の流れもあまり理解できていなかったので、目の前にある試合に合わせて練習させたり、夏合宿は今までやっていたので同じ場所に行ったりという感じだった。

10年度の箱根駅伝で3年ぶりにシード圏内に入り権利を得たので、私が駅伝監督に就任した1年目から出雲駅伝に出場したが、ここでもわからないことばかりだった。今はコースの特性も理解し、現有戦力やライバル校の戦力と照らし合わせながら、オーダーを組むことができる。振り返ってみると当時はオーダーを考えることから手探りで、ただやみくもに戦っていた。

どうやって現地に行き、どこでレースを見るのか。宿はどこなのか。開会式はどのように行われるのか。各中継所にはどうやって移動していけばいいのか――。

そういう意味では、1年目はすべての大会が出るだけだったとも思う。戦うというレベルにはなかった。何も知らない私よりも、2年生以上の学生の方がよほど知っている。3年経験している吉川の方がさらに頼りになる。

マネジャーの吉川ではなく、まさに「吉川監督」だ。実際に彼をそう呼んだことは何度もあった。

Wエース・村澤と早川

私が監督に就任した当時、チームには学生長距離界を代表する2人の選手がいた。11年度に3年生になった村澤と早川である。

私は常々、社会に出てからも活躍できる選手を育てたいと考えている。2人は、卒業後も間違いなく次のステージで活躍できるポテンシャルを備えていた。

前年まで新居先生のもとで順調に力をつけていたこともあり、自分が彼らをきちんと育てなければいけない、といった使命感よりも、まずは「その流れを崩してはいけない」と考えた。もともと村澤も早川も、しっかりした自分の競技観を持っている。そういう意味では、私の指導うんぬんはあまり関係なかった。

村澤は、佐久長聖で3年間指導した高校時代からの教え子だ。

塩尻市の楢川中学校ではサッカー部だったが、並行しながら陸上の大会にも出ていて、目を引く成績を残していた。3人兄弟の末っ子で、一番上のお兄さんをスカウトした経緯があった。中学校を訪ねて母親に会い、「3人目は私に預けていただき、勝負してみませんか?」とお願いした。

最初に村澤と会ったときは、ごくごく普通の中学生で、「大人とあまり話したことがないんだろうな」という印象を持った。タイムはいいものを持っていたので、大きく成長してほしいとも思った。これは彼だけに対して抱いた期待ではなく、私のもとに集まってくれた子全員にいつも抱いている。ただ、村澤については高校、大学、社会人と、これほど活躍する選手になるとは、当時は想像もしていなかった。

佐久長聖では、まず走ることに集中する環境を整え、そこから指導が始まる。本人が伸びていくために、障害となり得る要素を取り消していく。わかりやすく言い換えれば、生活面をきちんとするということだ。

その面で当初の村澤は、髪の毛がぼさぼさで、言葉遣いもなっていなかった。陸上競技と巡り合わなければ、そのへんにいるやんちゃな高校生になってしまうかもしれない、少しばかり危険な香りを秘めていた。

しかし、そういう中でも寮に入り、競技に向き合いながらきちんとした高校生活を送っている先輩たちがいる。村澤自身が「今までの自分と同じでは追いつけない」と感じ取り、しっかり溶け込んでいろいろと学んでいった。

同学年に力のある選手が多くいたのも大きかった。のちに早稲田大学に進み、学生駅伝三冠に貢献した佐々木寛文（現・プレス工業）や平賀翔太（現・住友電工）、駒澤大学では箱根で4年連続で山下り6区を走り、3度の区間賞を獲得した千葉健太、中央大学で1年時から箱根の4区を担った佐々木健太や山梨学院大に進学した藤井翼らがおり、さらに、3000mで当時の中学記録保持者だった大住和といった錚々たるメンバーがそろった。

中学校時代の実績や持ちタイムで言えば、村澤はその中で5番手か6番手という選手だった。

親元を離れて寮に住み、生活を正され、身近に強力なライバルがいる。村澤はそこでどのように自分の闘争心に火をつけたかはわからないが、そうした過程で自分の中のスイッチが入ったのだろう。生活がよくなるということは、競技への意識が高くなった証拠でもある。中学時代の彼をよく知る人に当時言われた。

「村澤は佐久長聖に入って1カ月で180度変わった」

やがてチームのエースになった村澤は、同期のメンバーや1年後輩の大迫傑らとともに、08年の都大路で佐久長聖を初優勝に導く。

卒業後の進路として東海大を勧めたのは、私の恩師でもある新居先生が監督をされており、チーム全体で練習を行うチームより、自分の考えのもとで力を伸ばしていける環境がいいと考えたからだ。村澤は、一人のランナーとしてそれほど自立していた。

彼は佐久長聖の先輩で、東海大に進んで活躍していた佐藤悠基に憧れを抱いていた。悠基が東海大で強制されることなく、自分の考えでトレーニングできていることも知っていただろう。

平賀らが早大に進むというので、村澤の母親からは「なぜ、うちの子は早大ではないのですか？」と相談された。村澤は勉強もできたから、学力で早大に行けないこともなかった。ただ、勉強するためだけではなく、走ることを磨くための大学進学である。その点で、東海大の指導方針の方が村澤に合っていると説明した。

東海大に入ってからの村澤は、1年時から主力として奮闘していた。インカレや各駅伝でチームを引っ張り、2年時の日本インカレ1万mでは、レース終盤に右足を捻挫しながらも2位に入ったこともある。日の丸を背負って、ユニバーシアードや世界ジュニア選手権にも出場した。

私はそうした活躍をうれしく感じながら、反面、「それぐらいはできるだろう」とも思っていた。

08年度の都道府県駅伝で長野県は連覇を果たしたが、このとき高校3年だった村澤は8・5kmの5区を23分55秒で走破した。これは今も残っている区間記録で、シニア選手にも匹敵する好タイムだった。「強くなったな」と感心するとともに、大学でも十分に通用すると確信したのだった。

一方の早川も、本格的に競技を始めたのは、地元・福井の美方に入学してからだった。中学では学校に陸上部がなかった。

高校時代は県内ではトップクラスだったが、全国的には無名の選手だった。3年時には

５０００ｍでインターハイに出場したものの、決勝には進めていない。当時、福井では鯖江高校が強かったため、都大路を走ることはできなかった。

それでも同じ北信越ということで、美方は佐久長聖と合宿をする機会が何度もあり、私も早川とのかかわりは少なくなかった。

「ひ弱な子だな」というのが、彼に対する第一印象だ。鍛えられていないイメージだった。しかし、試合になるときっちり走る。合宿ではこんなに弱いのに、なぜ試合ではあれほど走れるのだろうと、いつも不思議に感じたものである。

早川は、同じ世代のトップ選手となった村澤が東海大に行くと知り、自分も同じ大学に行くことを決めたという。

東海大入学から約１カ月後、関東インカレの５０００ｍに出場し、ラスト１周でかわした村澤に先着し、その名を広く知らしめた。箱根駅伝も１年時から主要区間を担い、早い時期から村澤とともに「東海大のＷエース」として存在感を発揮していった。ただ、私が東海大の新たな監督に就任し、指揮を執ることで、いろいろなことが大きく変わることを早川は警戒していたようだ。着任して間もないころ、私のところにやってきて尋ねた。

「これからは自分がやりたいようなスタイルでやることはできなくなりますか？」

「そんなことはないよ」と伝えると、安心したようだった。

早川は、あまり闘志を前面に出すタイプではない。しかし、さまざまな面で自分を客観的に見ることができ、自分の力量の中できっちり仕事をできるタイプだと感じた。「今日はこれくらいで行ける」と言うと、だいたいその通りになる。

本人が計画を立ててくる練習はほとんど毎回、大した内容ではなかったが、早川にはその練習がベストなのであり、試合でよいパフォーマンスを出すため、そういうやり方なのだと理解していた。きっちりと役割をはたしてくれるので、監督としても非常に信頼できた。自分のことをよくわかっているから、試合に向けて独特の調整法も持っていた。トラックレースの1週間とか10日前に30㎞走を入れたりする。疲労が蓄積してしまうため普通では考えられない方法だったが、それで結果を残してきたのだから私がとやかく言うこともない。

陸上競技部では珍しい理学部情報数理学科に在籍し、数学やコンピューターを学ぶ学科でも優秀な成績を収めていた。とにかく賢い選手だった。のちに春日千速（現・ヤクルト）や三上嵩斗も同学部で学び、数学の教員免許を取得しており、早川の影響を受けた学生は少なくない。

監督として初めて挑んだ箱根駅伝

監督就任1年目。12年の88回大会が、私が初めて采配を振った箱根駅伝となった。毎年、教え子たちを応援するため現地を訪れて沿道から観戦していたが、当然のことながら立場が変わった。運営管理車に乗ることも初体験だった。レースが始まって間もなく、助手席から見える景色を眺めながら、「あぁ、今後はこれが自分の仕事場になるんだな」と感じたものである。

大会前もレース本番が近づくにつれて、私や選手たちへの取材依頼が増えていく。レースでは沿道の観客が幾重にも重なり、どこまでも途切れることがない。あらためて箱根駅伝とはこういうものなのかと圧倒される気持ちがあった。

一方で、こんな思いもあった。

「今回こうして箱根に出られているのは、前年度、新居監督が総合4位という好成績を残してくれたからにすぎない。だから、これは自分の実力ではないのだ」

走っている最中も、なんだか他人のふんどしで相撲をとっているような感覚があった。しかもさまざまな意味で新居監督と比較もされる。前回4位ということになれば、周りはそれ以上の結果を求めているに違いない。

そもそも、レースに挑む前の段階から心もとない点が多かった。

戦力的には、選手の頭数こそそろっているが、「戦える」という意味ではたして10人もいたかどうか。村澤と早川は言うまでもなくチームの柱である。87回大会に出場した刀祢健太郎（4年）や元村大地（2年）、86回大会の経験者である田中飛鳥（4年／現・ひらまつ病院）らは頼りになったが、ほかは故障をしていなくて20㎞走をそこそこ走れているからエントリーに入れたというレベルだった。

1年時の箱根で1区を走り、約2カ月前の全日本大学駅伝に出場していた主将の栗原俊（4年）を故障で欠いたことも痛かった。

そしてまた、私自身も監督として頼りなかった。

選手としては1年時から4度、箱根を走ったことはあったが、その経験から選手に的確な指示を出せるかというと、それはまた別の話になる。

区間配置を決めるときは、過去にどの区間を走ったことがあるかという経験を重視した。各コースの特徴や他大学の状況がよくわからない以上、その程度の情報でしかオーダーを決める材料がなかった。

前年の87回大会では、4区と復路の全員、計6人が4年生だった。翌年に残ったのが、当時3年生以下だった1区の刀祢、2区の村澤、3区の元村、5区の早川である。その4人に、復活を遂げつつあった田中を加えた5人を88回大会では往路につぎ込んだ。

Wエースの村澤と早川はそれぞれ2区と5区に据え置き、前回はプレッシャーからか最下位発進となってしまった刀祢を元村と入れ替えた。2年ぶりの箱根となる田中は、当時は18・5㎞と最短区間だった4区に入れた。戦力的にはこのように並べる以外になかったかもしれないが、今振り返っても、ずいぶんと安易な考え方で決めたなとも思う。

この年、東海大は出雲駅伝で4位、全日本大学駅伝で7位と、前哨戦となる2つの駅伝でシード権を逃していた。来年度で村澤も早川も卒業してしまう。このままではなんとなくダメになっていくような雰囲気があった。

なんとかして流れを変えたい、変えなければならない。その思いを選手たちに伝えるためにも、全日本のレース直後、全員がそろったところで私は厳しく叱責した。あれほど激しく活を入れたのは、後にも先にもこのときだけだろう。とにかくチームを上昇気流に乗せたいという一心だった。

そんなチーム状態でも戦前の予想では、シード権は獲れるというのが大半だった。優勝争いは前年度の覇者・早大、出雲で初優勝を遂げた東洋大学、全日本王者の駒大による三つ巴という構図だった。東海大は、明治大学などとともに3強に次ぐ第2勢力に挙がっていた。強力なWエースを擁していることから、「往路優勝であれば可能」と見る向きもあった。

しかし、実情は軸となるべき村澤と早川が懸念材料を抱えていた。

村澤は11月中旬に右足首を捻挫し、十分なスピード練習を積めなかった。早川は練習を最後までやり切れないなど、本番に調子を合わせることができていなかった。

1区は、佐久長聖で村澤の1学年後輩にあたる早大の大迫がハイペースで飛ばし、2年連続となる区間賞を獲得した。元村は大迫と1分18秒差の区間11位で、十分に役割をはたしてくれた。

だが、2区で前々回10人、前回は17人抜きを演じたエース村澤に、過去2回のような力強さはなかった。14㎞過ぎにある権太坂の上りで左右のハムストリングスがつり、勝負どころの終盤では両脚のけいれんに見舞われた。区間3位で順位を4つ上げてくれはしたものの、前回のタイムを1分22秒も下回る走りでは、本人もとうてい納得はできなかっただろう。

その後、刀祢と田中は区間ひとケタ順位でまとめたが、早川も2度目の山上りで苦戦を強いられてしまう。レース中盤あたりまではまずまずの走りに見えたが、後半に入ってみるみる勢いを失った。

1時間20分を想定して送り込んだ早川は順位こそ8位を守ったが、1時間23分22秒で区間14位。Wエースの不発は、悪い形で復路メンバーにも連鎖した。

復路は5人全員が区間ふたケタ順位に沈み、7区と8区に至っては区間最下位だった。これでは前を追いかけるどころではない。結局、復路順位は18位。総合12位という苦しい結果に終わり、新居先生が前回、4年ぶりにつかんだシード権をわずか1年で手放すことになった。

88回大会で総合優勝を飾ったのは、2年ぶり3回目となる東洋大だった。

ちなみに青山学院大学はこの大会で史上最高順位の5位に食い込む。1年生だった世代が最上級生となる3年後から青学大の黄金時代が始まることになる。

東洋大は3区から独走態勢を築き、5区の柏原竜二選手と7区の設楽悠太選手（現・Honda）の区間新を含む、6区間で区間賞を獲得した。往路、復路をいずれも新記録で制する完全優勝だった。

総合タイムも10時間51分36秒という圧巻の記録で、歴代最高だった前回の早大を8分15秒も上回った。東海大は11時間17分14秒と、東洋大とは25分38秒もの大差をつけられた。

前回の4位という位置を守るのは簡単ではないにしても、10人を送り出した時点では、私自身もシード権は獲れるだろうと考えていた。まさか12位という結果は想定していなかった。

箱根駅伝を甘く見ていた。

いや、やはりわかっていなかったと言った方が正確だろう。わかっていないから事前に分析もできず、1つでも上を目指すための戦略もなかった。このころ、箱根のことをどれ

2012年の箱根駅伝2区を走る村澤明伸。同級生の早川翼と切磋琢磨しながら、国内外で結果を残したエース。現在は日清食品グループでマラソンに取り組んでおり、今後さらなる活躍が期待される

ほど知っていたかというと疑問である。高校駅伝の方がよっぽどよくわかっていた。日ごろから東海大を支え、応援してくださっている方の期待を裏切ってしまう結果になり、申し訳ないのひとことだった。それは選手たちに対しても同じ気持ちである。

監督として「こうしたい」というビジョンがあり、そこに向かって引っ張っていたわけではない。むしろ選手や吉川に対して、「どうする?」と聞くような感じで試合を迎えていた。

指揮官がそんな頼りなさでは当然、勝てるわけはない。学生たちにとても難しい状況で試合に出場させていたことは今でもすまなかったと思っている。

箱根予選会でまさかの敗退

村澤と早川が最終学年となる12年度は、箱根での巻き返しを誓ってスタートした。まずは本戦への出場権を手に入れるために、10月20日の予選会を見据えて取り組んでいくことになる。

夏にはロンドン五輪が控えており、その舞台に立ちたいという強い思いがあった村澤は気合十分だった。

4月にアメリカのスタンフォード大学で行われたカージナル招待の1万mで、自身初の27分台となる27分50秒59をマークした。ロンドン五輪A標準記録突破には5秒ほど届かなかったが、この記録は結局、外国人留学生を含めたこのシーズンの日本学生最高記録として最後までトップに残り続け、18年度現在でも東海大記録として残っている。

５月の関東インカレでは５０００ｍで早川と村澤が入賞し、１万ｍで早川が４位に、ハーフマラソンでは元村が8位入賞をはたしている。早川は翌6月のホクレン・ディスタンスチャレンジ深川大会1万ｍで、関東インカレに続いて28分台の自己ベストを更新し、春シーズンは好調をキープしていた。

それでも6月下旬の全日本大学駅伝関東学生連盟推薦校選考会は、村澤と早川をあえて起用しなかった。

選考会は各校8人の選手が2人ずつ４組に分かれて1万ｍレースを走り、総合タイムで本戦出場校を決定する。村澤と早川頼みでは本戦に出場したところで、勝負にならない。ほかの選手への自覚を促したいという狙いもあった。

結果は5位に入って本戦への出場権を獲得。選手たちは見事に期待に応えてくれた。

Ｗエース不在ということで苦戦を覚悟したが、選手たちの間には「村澤と早川を全日本に連れていきたい」という雰囲気があり、その思いがチームを一つに結束させていた。2組目を走った松谷公靖（4年／現・新電元工業）も気持ちを前面に出し、一時は先頭を独走してみせた。各校のエースが集まる最終の4組目で4位と好走した中川瞭（2年）の快走も光った。2人は全日本が開催される三重の上野工業高校（現・伊賀白鳳高校）出身でもあり、凱旋レースに懸ける思いもあったのだろう。

これなら本戦でも戦える。そんな手応えを持ったが、長くは続かなかった。8月半ばから行った北海道・紋別での夏合宿で、村澤が左アキレス腱を痛めたのだ。

箱根駅伝予選会までまだ2カ月近くあったが、これが意外に長引いてしまった。

当時の箱根駅伝予選会は、各校10～12人の選手が20㎞レースを走り、各校上位10人の合計タイムで争われた。合計タイムの上位6校まではその時点で順位が確定する。

そして7位以降は、5月の関東インカレの成績をタイムに換算したアドバンテージタイムを合計タイムから差し引く。それが最終合計タイムとなり、残り3校を決定する。

関東インカレで東海大は、短距離やリレー種目、競歩やフィールド競技で多くのポイントを獲得していた。そのおかげでアドバンテージタイムは、予選会出場校の中では日本大学の3分55秒に次いで3分35秒を保持しており、通過は確実と見られていた。

迎えた予選会の前夜、私は村澤を出走メンバーから外すことを決断した。

使おうと思えば、使える状態ではあった。多少無理をさせれば、10番目に入る選手よりもはるかに速く走れたはずだ。しかし、予選会突破を目指してここで使ってしまったら、おそらく2カ月後の本戦をいい状態では迎えられないだろう。将来も見据え、あえて無理はさせなかった。

村澤だけでなく、1月の箱根で6区を走った野中久徳（4年／現・西鉄）と8区を担った吉川修司（2年）、さらに1年生ながら5000mでチーム4番手のタイムを持っていた私の長男である両角駿も故障で欠場となった。

しかし、私はここでも安易に「メンバーはそれなりにいるから、予選落ちすることはないだろう」と思っていた。非常に甘く考えていた。

私は大学1年生のとき、箱根の予選会を経験している。62回大会の本戦を目指す

１９８５年の予選会だ。先輩方が前年度の本戦でシードを逃したため、その置き土産で走ったということになる。その後、４度出場した本戦ではすべてシード権を獲ったので、予選会を走ったのはそのときの一度限りである。

ただ、当時の予選会は大井ふ頭周回コースで行われた。戦いの舞台が、現在のような立川市の国営昭和記念公園やその周辺に移されるのは、77回大会予選会（00年）から。つまり、私にとっては事実上、初めての予選会と同じようなものだった。

もちろん、全く準備をしなかったわけではない。

試走に行くのはもちろん、戦略的にも集団走を採用しようかと考えた。しかし、選手に聞くと、「（自分の好きなペースで走る）フリーの方がいい」と言う者もいたので、その選手には「そうか」と答えるしかない。私が「こうするべきだ」「こうしなさい」とはっきり提示しない以上、主導権は選手の側にあった。だから準備と言っても、形式だけで中身がなかった。

レースが始まると案の定、チームはいまひとつ波に乗れなかった。

元村や松谷には集団走の先頭と最後尾を任せ、遅れる選手が出ないようまとめてもらった。しかし、レース中に集団を維持することができなかった。５㎞通過時点で総合10位、10㎞通過が12位と、常にボーダーラインの圏外でレースを強いられた。そうした途中経過の情報がマネジャー、部員たちから次々ともたらされる。

時間の経過とともに状況が悪くなっているのがわかった。焦る心境が私を支配し、「やばい」「まさか」といった言葉が頭の中を駆け巡った。おそらく私の表情は顔面蒼白だったことだろう。

10番目の選手が62分ちょうどでゴールできるようなタイム設定をしていたが、62分を切ったのは、早川、元村、石川裕之（2年／現・愛三工業）、中川の4人のみ。早川も日本人トップで3位に入った2年前の予選会ほどのインパクトを残せず、個人10位と不発に終わった。

最終成績で東海大は12位。アドバンテージタイムを差し引いても、ギリギリ9位で通過した東京農業大学とは6分近い差があった。たとえ村澤がいたとしても、落選という結果は変わらなかったはずだ。

いずれにしても、73年の初出場から積み重ねてきた「40」という東海大の箱根駅伝連続出場記録を私が途切れさせてしまった。

正式発表を待つ前の時点で、マネジャーたちによる集計から落選したことはわかっていた。落胆した。ふがいなかったし、自分自身に憤りも感じた。

村澤を外した判断は間違っていなかったと今も思っている。だが、「もっとできたのではないか？」という悔いがなくもない。

新居先生に本戦を逃した直後に電話で「すみません。落ちてしまいました」と伝えると、新居先生からはこう言われた。

「そうか。これで監督をクビになるということはないから、ある意味、これからだと思って頑張ってやっていくしかないぞ」

驚いたと言うべきか、不思議だったのは、陸上競技部のＯＢから「何やってるんだ」とか「なぜ落ちたんだ」といった言葉が一切なく、温かく見守ってくれていたことだ。

特に伝統校や名門と呼ばれる大学は、人事からレースでの采配までOBからいろいろな意見が出るため、監督がすごくやりづらさを感じることもあると聞く。勝てば援助金の増額など、いい面もあるが、負けると一斉に批判の矢面に立たされる。

予選会に落ちたとき、そうした批判は私の耳に全く入ってこなかった。そういう点では傷口に塩を塗られるようなこともなく、ありがたかった。

失意の予選会敗退から2週間後、東海大は全日本大学駅伝でも惨敗した。

ここでも村澤は使わなかった。将来のある選手にやはり無理はさせられないと考えたからだ。

予選会のときもそうだったが、「今回はやめておこう」と伝えると、村澤は素直に受け入れた。「いや、僕は出たいです」と言ってくることもない。反抗はもちろん、反論することがなかったのは、高校時代から一貫していた。

レースは、中川が1区で8位とまずまずのスタートを切ったが、2区の元村が流れに乗れずに12位まで順位を落とす。そこから全く浮上することなく、アンカーの早川が区間5位の走りで意地を見せたが、もはや焼け石に水だった。

前年の7位を大きく下回る12位。関東勢最下位という結果は、あまりにもいただけなかった。

13年の89回箱根駅伝で早川は、本大会に出場できなかった大学の選手で構成される関東学連選抜チームに選ばれた。私は拓殖大学の岡田正裕監督（当時）のもと、専修大学の伊藤国光監督（当時）とともに学連選抜のコーチを務めた。

早川は主将に指名され、過去3年間、熱望しながら村澤に任せてきた花の2区を初めて走った。

私は鶴見中継所で早川の付き添いをしており、11位でタスキを受けた早川が最後の箱根を走り始める姿を見届けた。

村澤は早川の給水係を志願し、権太坂を上り切った15㎞過ぎの給水ポイントで待っていた。早川の姿が見えると勢いよくコースに飛び出して並走し、水の入ったボトルを手渡した。

早川が水をひと口含んだ後、そのボトルをなかなか村澤に返さなかったのは、「返さなければ、まだ一緒に走れる」と思ったからだという。2人はほかのどのチームよりも長い約80ｍを並走することで最後の箱根を終えた。

この場面は、レース後にテレビで放映されたものを見た。村澤は2年前に大会ＭＶＰにあたる金栗四三杯を受賞した。そんな選手をこういう状況にさせてしまったことは申し訳なかった。

私が新たに監督に来るということで、村澤もほかのメンバーも、チームがもっとよくなるイメージを持っていたに違いない。そう思うと、自分が情けなかった。

村澤は卒業するとき、「最後はああいう形で期待に応えられず、申し訳ありませんでした」と言ってきた。それに対し、私は「それは違う。一生懸命やってきたのだから」と否定した後で、村澤だけでなく、自分自身に言い聞かせるように伝えた。

早川翼（左）は2013年の箱根駅伝で関東学連選抜のエースとして2区を走った。難所である権太坂を越えたところで、盟友・村澤明伸から給水を受けて並走

「今回、失敗した経験はお互いにこれからいい方向に持っていかないとな」

村澤も早川も、実業団に進んでからもそれぞれのチームで活躍している。村澤は17年の北海道マラソンで優勝し、20年東京五輪のマラソン代表選考会「MGC（マラソングランドチャンピオンシップ）」の出場権を手にした。早川もマラソンに挑戦しながら、ニューイヤー駅伝では優勝のゴールテープを切ったこともある。

ただ、そうした点に驚きはない。彼らならどこに行っても成功するだろうと思っていたからだ。

「負けず嫌い」が成長の糧となる

長距離走で一流になるためには、走力やスタミナ、練習を継続できる丈夫な体と心など、欠かせない要素がいろいろとある。

中でも私が絶対に必要だと考えているのは、「負けず嫌い」というメンタリティーだ。負けず嫌いは身につけることが難しい。生まれ持った性格という部分が大きい。

レースというのは、勝つか負けるか。少々乱暴な言い方をすれば、殺すか殺されるかという戦いである。負けたときに何も感じない者、別に負けてもいいと思っているような者は、勝つためにどうするべきかを考えようとしない。

負けず嫌いな人間は試合で負けたくない。だから練習でも必死になれる。

村澤が高校時代に飛躍的に成長できたのは、故障が少なかったことと、とにかく負けず嫌いな性格を持っていたことが大きい。

練習メニューに対して最後までやり通すという点で、村澤はほかの選手たちにないほどの強い思いがあったように感じる。負けず嫌いゆえに忍耐強かった。

練習中に倒れ、病院に連れて行かなければならない状況が2回ほどあった。

そのうちの1回は村澤が高校2年の6月、妙高高原で合宿を行ったときだったと記憶している。距離走を終えた後、まさにぶっ倒れた。

エネルギーが枯渇して唇が真っ青になり、全身が硬直して動けなくなってしまった。本気で「死んでしまう。危ないかもしれない」と焦った。すぐに風呂で体を温め、車で近くの病院に連れて行くと、「ひと晩、ここで点滴を打った方がいい」と言われ即入院となった。そんなことがあと1回あった。

人間の体は、これ以上やったら壊れてしまうかもしれないというとき、その動きを制御するリミッターが作動する。脳から「もうやめよう」という指令が出る。

練習中にリミッターが安易に働く選手もおり、端から見ていると、「そこでやめちゃうのか？　もっとできるだろう」と指導者として、もどかしく感じてしまう。

村澤はその点、リミッターが常に解除されているような感じで、本当の限界まで自分を追い込むことができた。佐藤悠基もそういう選手だったが、そこまで自分を追い込める選手というのは、私の知る限り、ごく少数である。

当時は私自身がまだ若かったこともあり、彼らをそこまで追い込んでしまったのだとしたら、それは私の反省するべきところではある。村澤が倒れたのも、夏の暑さの中で脱水症状があったのかもしれない。

ただ、そういう点を差し引いても、今の大学生でそのように自分を追い込める者がはたしてどれだけいるだろうか。

当然、高校生と大学生とでは体力差があるし、練習に関しては高校生は大学生ほど、自分の意見を言わない。指導者が「これをやりなさい」と言えば、たいていは「はい」と答え、言われた通りに素直に取り組む。

大学生にもなれば、自分で考えて行動することが重要である。しかし、それでも私は、今の大学生の多くは安全装置がかなり早く作動しているように思えてならない。

もともとの性格が大部分を占める「負けず嫌い」を強くするのは難しい。

だが、悔しい思いを持ち続けることで、「もうあんな思いはしたくない」と、競技に対するモチベーションを維持、あるいは高めることはできるのではないか。

そんな考えから、本戦出場を逃した13年の箱根駅伝後、寮の食堂に黄色いジャンパーを飾らせた。

箱根駅伝では大会運営のためのボランティアスタッフとして、本戦出場校は10人以上、予選会で涙をのんだ大学は15人以上の補助員を出さなければならない。黄色いジャンパーは、その補助員に支給されるものだ。

補助員の仕事はさまざまだが、その多くは、選手のコース誘導と安全確保をする走路員を任される。レースの際、走路と沿道の観客の間で両腕を左右に広げるようにして、等間隔に並んでいる黄色いジャンパーの若者を目にしたことがあるだろう。

本戦出場校の一員であれば、レースに挑むチームの役割の一つと割り切ることもできる。しかし予選会で負けたチームにとって、補助員という仕事ほど惨めに感じるものはない。練習やレースでつらい思いをする方がよほどいい。

特に走路員はレース中、ずっと観客の方を向き、選手には背中を向けている。

高校時代に同じ学校や同じ県内だった知り合いの選手が、他大学のメンバーとして自分のすぐ後ろを走り抜けていったとしても、「頑張れ」と声をかけるどころか、走る姿を見ることもできないのだ。

そうした悔しさや惨めな思いは、箱根を目指してきた選手にしかわからない感情かもしれない。

89回大会では、東海大としては早川が唯一、関東学連選抜の一員として箱根路を走った。その裏で多くの部員が黄色いジャンパーを身にまとい、全く注目されない補助員を務めた。一人ひとり、それぞれ持ち場は違う中でいろいろなことを感じたはずだが、共通するのは「二度とこの仕事はしたくない」という思いだったに違いない。

寮の食堂に黄色いジャンパーを飾らせたのは、その悔しさを忘れさせないためだった。それは、つい最近まで飾られていたと思う。

東海大はその年10月の予選会を突破し、2年ぶりに本戦復帰を果たすことになるが、予選会は一度通ればすべて御の字かと言えば、そういうものでもない。

いい時代がいつまで続くかなど、誰にもわからない。強い選手、強いチームをつくるには、気の遠くなるような時間がかかるのに、落ちるのはあっという間である。

前年に4位に入ったものの、監督に就任した途端にシードを落とし、翌年には予選会を突破することもできなかった。その当事者だった私自身が、転がり落ちるように弱くなることの怖さを誰よりもよく知っている。

たとえ優勝争いをしているチームでも、翌年には走路員になる可能性はある。もちろん走路員は大切な役割だが、黄色いジャンパーは私や選手にとって戒めの象徴なのだ。

箱根で連続してシード権を獲れるようになってからも、私は毎年、予選会に足を運んできた。ここ2年ほどは、「何だ、高みの見物か」などと言われるのが気になり行くことができていないが、できることなら毎年、現地を訪れてレースの攻略法を探りたい。

もちろん、高みの見物といったつもりは一切ない。

上位を走っていても、アクシデントが起きてシードを逃したら、あの厳しい予選会が待っている。たとえ優勝しても翌年の本戦が11位以下で終われば、秋の予選会を見据えて新チームをつくっていかねばならない。

これまでも本戦でシード圏外を走っているときに、私は「4年生が抜けた後、秋の予選会はどう戦おうか」と考えることがあった。優勝した今大会でさえ、どれだけ前を走っていようが、「この選手に何か起きたら予選会だ」と、頭の隅では常に最悪の事態を想定していた。スポーツ、そして箱根駅伝は、まさに筋書きのないドラマである。何が起きるかはわからない。

だからこそ、「予選会を見に行くべき」というのは、箱根駅伝を目指すチームの監督として、ごく自然な考えなのだ。

箱根駅伝出場を逃した後、初の東海大学長距離記録会

第3章 再起

チーム強化は「補強」と「育成」の両輪

箱根駅伝の連続出場が途切れ、ゼロからスタートするという気持ちでチームは新たな一歩を踏み出した。2013年春、私にとって監督3年目のシーズンである。

3月に村澤明伸と早川翼らが卒業した。学生長距離界を代表するトップランナーで、これまで4年間、チームの中核を担ってきた2人が抜けたことは戦力的に見ても痛手だった。ただ、その一方でチーム内の格差がなくなり、指導がしやすくなったという側面もあった。村澤や早川は、日の丸をつけるほど力のある選手だったため、大学生の大会だけでなく、日本選手権やアジア選手権といったシニアの大会や国際大会にもたびたび出場した。そうなると、すべてではなかったものの私も帯同しなければならない。

そうしたある種の特別行動が一気になくなり、今まで以上にチームの指導に集中できるようになったのだ。

関東の大学生の場合、春のトラックシーズンには関東インカレがある。対校選手権である以上、一つの大きな目標ではある。だが、最終目標はやはり箱根だ。

この13年度のシーズンは、本戦の前にまず予選会を通らなければならない。前年度に落選したことで、こうやったら落ちるという流れは自分なりにわかっていた。重要なのはとにかく準備である。20㎞をしっかり走れるようにならなければいけないと思っていた。

だから関東インカレ中でも、その日の試合に出場しない者には、会場だった国立競技場の周りで20㎞走や30㎞走をやらせたりもした。トラックシーズンであっても頭のどこかには常に箱根のことがあった。

振り返れば私が大学生だったころも、関東インカレの時期に距離走をしていた。そういう意味では新居利広先生の指導というか、原点に立ち返ってみたところがある。

そうした試みとは別に、スカウトをよりきちんとしないといけないとも思っていた。

チームの強化というのは、「補強（＝新入生のスカウト）」と「育成」の両輪が機能して成立する。補強だけできても、入ってきた選手が成長しなければチームは強くならない。逆に、選手を育てる力が優れていても、有望な選手が入ってこなければ強くなるにも限界がある。監督である私の立ち位置としては補強と育成それぞれ50％ずつの割合が理想だと考えている。

高校生をスカウトする際、私がまず見るのはその選手のタイムだ。

欲しい選手というのは、どうしても他大学とバッティングする。そのときにタイムはいいけど走り方が……とか、性格に少し問題が……などと躊躇していたら、他大学にどんどん獲られていってしまう。動きや性格などは二の次である。タイムがいい者には声をかけて、来ることのできる路線を敷いておかないと、選手は獲れない。

タイムがいいから大学で活躍できるという保証はない。そういう意味での当たり外れはスカウティングには付きものだが、タイムはいまひとつだけれど性格がいいという選手が、走力の面でチームの中心になれる可能性は低いというのが正直な実感だ。

そうなると、まずはタイムがいい選手に当たっていくしかない。

私がスカウトで各地を回っていることから、「選手を直に見たいから監督自ら足を運んでいる」と思われたとしたら、それは違う。

大学によっては、プロ野球の球団のようにスカウト専門スタッフを置いているところもある。「東北担当」「九州担当」と地方ごとにスタッフを振り分けているチームもある。本音を言えば、東海大学でもそうしたい。私もできるだけ現場で選手を指導したいからだ。しかし、組織や経済的な事情から多くのスタッフを招くことが今はできない。

選手強化のためには合宿で遠征もしなければいけない。遠方で試合が行われることも多い。その中で選手に結果を残してもらうため、そして「東海大に来てよかった」と思ってもらうためにも今の予算は削ることができない。だから、スカウトはもう私がやっていくしかないというのが現状なのである。

スカウトの具体的な動きとしては、まず各地で行われている試合を観に行く。

高校生であれば、夏はインターハイ路線がある。県大会、地区大会、そして全国大会のインターハイと続く。駅伝も秋の県大会と年末の都大路を観戦する。同時に大学生も試合があるため、できるだけ大学の試合と重ならない日に動く。

直接、高校にお邪魔して練習を見せてもらうこともある。スカウトをしているのは私だけではないが、高校で16年間、教師をやってきたので、大学ごとに「こういうタイプの選手が欲しい」という好みや各大学がどういう手段でスカウトに来るかもかなり知っている。有望な選手となれば、もちろん各大学による獲り合いになる。そこで勝つにはまめに足を運び、回れるところはくまなく回るしかない。

スカウトされる高校側も対応はまちまちだ。中には、生徒や親と話す場面では、必ず陸上部の顧問の先生が同席するという学校もある。

ただ、高校の先生が中学生をスカウトするよりはだいぶオープンで、「本人と家庭の話だから親御さんと話してください」ということが多い。

では私が東海大の駅伝監督に就任して以降のスカウトはどのように進んだのか。１年目に勧誘し、12年の春に入学してきた選手たちを例に挙げると、当時、埼玉栄高校の監督だった徳田博道先生に勧めてもらったのが白吉凌だ。東海大に来てもらうことで話がまとまった直後、白吉は北関東大会の５０００ｍで優勝した。「うぉー、そんな選手を向こうからお願いしたいと言われてラッキー」と思ったのを覚えている。

宮上翔太（現・九電工）は熊本の九州学院高校出身である。九州学院の禿雄進先生とは以前から仲よくさせてもらっており、当初は宮上ではなく、久保田和真選手（現・九電工）を勧誘に行った。禿先生から承諾を得て親御さんにも会ったが、久保田選手は最終的に青山学院大学に行くことになり、禿先生としては「次に実力のある選手を」という感じで宮上を送ってくれた。

今井拓実は京都の洛南高校で、当時監督の中島道雄先生に「こういう子がいるから引き受けてもらえないか」と言われて採用した。

白吉や宮上のように対校戦や箱根駅伝でも結果を残した力のある選手が入学した翌年の13年には、廣田雄希（現・ＳＵＢＡＲＵ）、石橋安孝（現・ＳＧホールディングスグループ）、土屋貴幸、荒井七海（現・Ｈｏｎｄａ）といった期待のルーキーが加わった。スカウト的には

2年連続でそれなりに成功と言える結果となった。主将の上原将平（4年／現・宮崎県立小林高校監督）もリーダーシップを発揮しながら、よくチームをまとめてくれていた。

このころには少しずつではあったが、チーム状態が上向きになってきた手応えがあった。しかしトラックシーズンでは、石橋が5月の関東インカレ3000m障害で5位入賞と、1年生ながら一人で気を吐いたものの、それ以外はあまりパッとしなかった。

6月の全日本大学駅伝関東学連選考会も総合10位に終わり、7年ぶりに本戦出場を逃している。

そうしたこともあり、箱根駅伝は是が非でも本戦出場を果たさねばならない。

夏以降は積極的に30km走を行い、迎えた10月の箱根駅伝予選会は3位で2年ぶりの本戦出場を決めた。エースの元村大地（4年）は故障明けで万全ではなく、主力の中川瞭（3年）と宮上も故障で欠場したが、出走した12人中、半数を占めた1年生と白吉、今井の2年生コンビの活躍が光った。

選手の頑張りは当然だったが、私自身の経験が増えてきたというのもあった。2年目、3年目になって、一つひとつの経験を重ねる中で、「これがどんなレースなのか、そのためには何が必要なのか」といったことの要領がわかってきたのだ。

そして、2年ぶりの本戦となった14年の90回箱根駅伝を迎える。

チームには1万m28分台の選手が4人おり、その4人と元村を軸に3年ぶりのシード権獲得を目指した。しかし故障者が続出し、28分台の4人中、中川、廣田、石橋の3人をけがで欠くなど、想定していたベストの布陣を組めなかった。

　１区の白吉が７位と好スタートを切り、５区の宮上、６区の福村拳太（１年／現・ラフィネ）の２人で難所の山をうまく攻略した。だが、８区以降の３人が区間19位以下に沈み、９区途中でシード圏内からこぼれ落ちた。選手層の薄さが浮き彫りになり、東海大は13位でレースを終えた。

　東洋大学が２年ぶり４回目となる総合優勝に輝いた。学生駅伝三冠を目指していた駒澤大学や前回覇者の日本体育大学に大差をつけての圧勝だった。

１５００ｍで東海大の魅力をつくる

　スカウトに力を注ぐと言っても、高校生にとって東海大駅伝チームはどこまで魅力があるのだろうか。強化費用は潤沢ではなく、強豪でもない。この時期の東海大は、「予選会常連校」の一つにすぎなかった。１５００ｍに力を入れ始めたのは、このころからだった。なぜ、１５００ｍなのか。大きな理由は２つある。

　１つは、他大学にはない東海大の魅力づくりをする必要があったからだ。力のある高校生の中には、トラックで勝負したいと考える選手も多い。東海大は箱根だけを目指すのではなく、トラック種目にも力を入れて育成しているということを示したかった。

　５０００ｍや１万ｍであればほかの大学もやっている。しかも箱根志向の強いチームほど、長い距離を走れるようにするため、中距離種目はあまり重視していない。１５００ｍをやりたくても、できない環境にある大学が少なくないと感じている。

1500mという種目は、男子なら3分40秒ほどで決着がつく。20km前後の距離を走らなければいけない箱根駅伝とは、あまり関連性がないと思われるかもしれない。

私は1500mでスピードを磨き、そこから徐々に距離を伸ばし、将来の伸びしろをつくっていくという道筋を考えていた。中長距離の選手でも、みんながみんな長い距離を得意としているわけではない。1500mが得意な子もいて、そういう子も箱根駅伝を目指せるという環境を整え、チャンスを与えていく。それをチームの一つの色にしていこうと考えた。そういう特長がないと、有力選手を獲れないという実情もあった。

高校駅伝では3kmから10kmと幅広い区間があるため、選手それぞれの能力に合った起用ができた。しかし、箱根は有無を言わさずすべて20km前後。そこだけを見ていては選手の個性や特長を消すことにつながる。

13年度に入学した荒井は、1年時の90回箱根駅伝に出場したものの、4区で区間20位と振るわなかった。2年時には箱根のエントリーメンバーにも入れず、悔しさを味わったが、その後に行ったコントロールテスト（身体能力診断）で、立ち五段跳びやリバウンドジャンプなどの計測値から、中距離種目に適性があることがわかった。

それから1500mに本腰を入れて取り組むと、3年時の15年に日本選手権を制するまでの結果を残した。荒井は、私が東海大の監督に就任後、初めての日本選手権覇者である。うれしさよりも驚きの方が大きかった。彼は18年にも日本選手権で2位に食い込むなど、1500mの第一線で活躍している。

箱根駅伝は1年時の1回しか出場の機会はなかったが、たとえ20kmが走れなくても、

2015 年の日本選手権 1500 ｍを制した荒井七海（中央）。
４年時には駅伝主将を務めるなどほかの選手からの人望も厚い選手だった

１５００ｍのように別の道で生きていけるということを示した意味は大きい。仮に荒井が、箱根がすべてというような大学に進んでいたとしたら、１５００ｍで日本チャンピオンになることもなく、ひたすら長い距離を走り込まされて、ひっそりと選手生命を終えていたかもしれない。

16年に入学した館澤亨次も、コントロールテストの結果から「やってみたら面白いんじゃないのか?」と、１５００ｍに取り組ませた。高校時代、１５００ｍは一度もやっていない。しかし、17年、18年と日本選手権を連覇し、日本代表としてアジア競技大会にも出場した。これらコントロールテストは西出先生のアイデアや発案が大きい。彼は研究熱心で、大学教員の立場を生かして、さまざまな実践的研究を行い、その結果を現場の学生指導に生かしている。荒井、館澤は西出先生のトレーニング論で力をつけた。

そんな荒井や館澤とは違い、スピード系トレーニングの最中に、際立ってスピードがあるとか動きがいいとか、バネがあり最後のダッシュや流しをやらせてもキレがあるからと勧めることもある。腰を落として、とことこ走る選手に１５００ｍは難しい。

いずれにしても、１５００ｍは新たな才能の発掘にも役立っており、我々がその強化の手段を持っているということは、スカウト面でもアピールの材料になっている。

トラックでは力が足りないけれどロードや駅伝ならなんとかなりそうだ、という高校生は最初から箱根駅伝をゴールにしやすい傾向にあるが、トップクラスの高校生はトラックで勝負したい、いつかは五輪や世界選手権に出たい、フルマラソンに挑戦したいと考える。

１５００ｍの取り組みは、そういう高校生を大いに刺激できているし、実際、その後、トップレベルの高校生の獲得につながっていくことになる。

私が1500mを意識し始めたもう1つの理由は、いまや巨大コンテンツになった箱根駅伝のおかげで、陸上競技の正式種目がないがしろになりつつあることに疑問を感じたからだ。駅伝は五輪や世界選手権の正式種目にはない。中距離以上で採用されているのは、800m、1500m、5000m、1万m、3000m障害、フルマラソンである。

私は、駅伝はあくまでも選手強化の手段だと思っている。それが大学生には最終目標になっている現状が見受けられた。箱根が中心でゴールでは、大学卒業後の将来的な伸びを期待できないのではないだろうか。

強化の順序で言っても、高校生や大学生の時期にスピードをつけておかないと、将来、先細りしていく可能性が非常に高い。これは、陸上の先進国であるアメリカの指導法を見れば明らかだ。

現在、陸上界を席巻しているのは、東アフリカ勢とアメリカを拠点に練習する欧米勢の2大勢力だ。生活や文化、身体能力も全く違うアフリカ人は参考にしづらい。そうなると学ぶべきはアメリカということになる。

アメリカでは高校生や大学生は1万mをほとんどやらない。5000mはたまに走る程度で、1万mは年に1本程度だろう。ポピュラーな種目は1500mと1マイル走（約1609m）といった中距離走、そしてクロスカントリーレースだ。3000m障害も比較的多く取り組む。

観客受けするか、しないかという違いもあると思う。アメリカ人はトラックを何周もグルグル回るという種目は好まない。見るのが耐えられず、時間の無駄とさえ考えている節がある。ぱっとやって、ぱっと終わるレースが好きなのだ。

そんな思考から、強化の面でも年齢が上がるのに合わせて距離を伸ばしていく。そうしたトレーニングを経て、アフリカ勢と同様、５０００ｍで12分台という結果につながっている。日本人はまだ一人も５０００ｍの12分台を出せていない。その点でアメリカの取り組みは、日本人に大きなヒントを与えてくれるような気がしている。

とはいえ、日本の大学生には箱根があり、アメリカのすべてをそのまままねるわけにもいかない。アメリカ人は日本人の取り組みをすごいとも思っていて、私はいつだったかアメリカに行った際、現地のコーチに「なんで大学生のチームに1万ｍ28分台の選手が十何人もいるんだ。うちには1人しかいないぞ」と言われたこともある。

したがって日本は日本のよさを残しつつ、アメリカの強みを見習っていくというスタンスでいるべきなのかもしれない。

西出仁明先生との二人三脚

監督として丸3年が経過しても、特に大学側からは「箱根で勝ってくれ」とか「そろそろシード権獲得を」といった強い要望はなかった。

勝ってほしいという気持ちがなかったわけではないだろう。駅伝が好きな当時の安達建夫事務部長からは、「合宿費は多少援助するから、頑張りなさい」と、ありがたいお言葉をいただいた。

ある全日本クラスの大会に出たときには、「事前にきちんと申請すれば、10万円の補助金が出るんだよ。君は今回、申請していなかったけれど、補助するから来なさい」と言われたこともある。

年間のスケジューリングや強化の進め方を含め、あらゆることの理解が深まりつつあったところで、コーチとして西出仁明先生に来てもらえたのは大きかった。

私は監督就任当初から「1人では無理です」と言っていて、当時陸上競技部部長の宮川千秋先生にはコーチをつけてもらえるようにお願いしていた。では誰か適任者がいるのかとなったときに、私は西出先生の名前を挙げた。

福井県の美方高校で駅伝部の監督だった西出先生は、早川を指導し、その後、11年度に山下英俊、13年度に石橋と、教え子をコンスタントに東海大に送ってくれていた。西出先生の後任となった堀真浩先生も東海大出身である。

そんな縁もあり、美方は福井の県立高校でありながら東海大といい関係にあった。

私自身も高校の教員だったころ、同じ北信越地区ということで一緒に夏合宿をする機会も多く、私より8歳も若かったがよく頑張っていたのを知っていた。

大学に来てもらうとなると、陸上部での指導だけでなく、授業や研究もできなくてはいけない。ただ、そこも西出先生は、筑波大学で研究をしていた経験もあったので問題なかった。

そしてこれが一番重要なのだが、東海大に来た美方出身の選手が、「一生懸命やってくれる、とてもよい先生」と評価していた。西出先生のことを悪く言う学生が全くいなかった。私の彼に対する信頼は、これで揺るぎないものとなった。

さらに言えば、私は自分を支えてくれるコーチには、できれば東海大出身者ではない人を呼びたかった。純血主義は崩壊しやすい。東海大の柔道部のように純血で成功している例もあるが、私はそういう考えにはならなかった。新しい血を入れて、よそのアイデアを積極的に取り入れたかったのだ。

西出先生に正式にコーチ就任を打診したのは13年の秋。ちょうど都大路の各都道府県代表が決まるころだったので、11月だったと思う。

県立高校の教員なので、学校側がいいといえばよし、というわけにもいかない。それに西出先生は18年に行われる福井国民体育大会を控え、長距離強化委員長という役割を担っていた。その先生が抜けるというのは福井県にとっても痛手だった。

学校を訪ねようと思ったが、県の教育長に会ってほしいと言われた。そこで教育長と美方の校長に、東海大の山下泰裕先生から「ぜひ西出先生を東海大に迎え入れたい」という話をしてもらった。

その前段階で西出先生と会った折、私は「今こういう状態で困っていて、コーチになってくれる人を探している。先生はその候補だから考えてみてくれないか」と話していた。いよいよその話が具体的になってきたときにも、「真剣に考えてみてくれないか」と伝えていた。教育長らの同席のもと、山下先生と「ぜひ前向きに考えてもらいたい」とお願いすると、西出先生は、すぐに「行きます」とか「無理です」とは言わずに、「女房とも相談させてください」と答えた。

私が東海大の駅伝監督を要請されたときと同じように、西出先生も「あなたが必要だ」と言われ、揺れ動くものがあったのではないだろうか。

当時、西出先生は38歳。このまま県立高校の教員として毎年、都大路を目指すという人生もある。だが5年先、10年先が見えていく中で、新しいことに挑戦したいという、若さゆえの野心もあったに違いない。

福井国体については、山下先生がアドバイザーに就くこと、さらにバルセロナ五輪陸上400mファイナリストで東海大陸上競技部短距離ブロックを指導する高野進先生も奥さまが福井出身ということから協力してもらえるようになり解決した。

こうして、14年度から西出先生がヘッドコーチに加わった。

それまで私が1人で抱えていたものを分担でき、一つひとつのことに目が行き届きやすくなった。さらに13年度までマネジャーを務め、大学卒業後は一般企業に就職していた小池翔太を呼び、大学に職員として籍を置くとともにコーチとして選手と一緒に寮に住んでもらった。こうして組織づくりが本格的に進み、現在のチームの礎ができたように思う。

チーム強化が補強と育成の両輪というのは先述した通りだが、西出先生には、特に後者を任せようと考えた。高校の先生方とのパイプが私ほど多くないことから考えると、当時の西出先生ではスカウトはうまくいかない。

そこで教員としては、私と西出先生の授業を同じタイミングにし、やらなければならない授業や研究をそこで進めてもらう。コーチとしては、外に出ることを極力控え、現場で私が連れてきた選手の指導を行う。小池には寮生活を見てもらうことで、私はよりスカウトに出やすくなる。役割が明確になった。

その後、協力し合いながら、5年目の18年度、箱根優勝という歓喜の瞬間を迎えることになった。だが、そこまですべてが順調だったわけではない。18年の94回箱根駅伝で5位に終わった後に、選手から「箱根駅伝の直前まで練習をしすぎて、調子を合わせられなかった」とか「両角先生と西出先生の考えていることが違うのでは？」という指摘を受けた。

練習量は例年と比べても厳しくはしていなかったし、結果が出なかったことへの焦りもあっての言葉だったとは思う。もちろん、私たちが選手の状態を把握し切れなかったとしたら、それは指導者の責任である。目標は一緒でも、人が違えばアプローチは変わる。西出先生との考えの違いというのは、おそらくそこを指していた。

そこで私は、練習メニューを西出先生に考えてほしいと要望した。もともと彼の指導は短い距離を得意としている一方で、長い距離ではなかなか結果が出ないところがあった。関東インカレではその傾向が顕著だった。

西出先生からは「メニューは両角先生が考えた方がよい」とも言われたが、私はスカウトに出ることが多いため、選手の状態をこまめに把握できないこともある。さらに西出先生には積極的にアメリカに出向く機会をつくり、現地のトレーニングを学んでもらっていた。特にスピード練習においては日本では取り入れられていない方法も多く、それを学んだ西出先生に練習方法を立ててほしいと考えていた。だからこそ私が西出先生に「こうしてほしい」という方向性を伝え、実際のメニューは考えてもらった方がよいと判断した。それができるようになったのは18年の夏ごろだった。勉強熱心で、失敗を恐れない西出先生の指導と練習メニューは確実に結果に結びつき、今回の箱根駅伝の練習メニューも大半は西出先生に任せた。そのことで、西出先生自身がさらに責任感を持って指導にあたってくれたことも大きかった。

目標設定の考え方

15年の91回箱根駅伝で東海大は総合6位に食い込み、4年ぶりにシード権を獲得した。前回の13位から大きく順位を上げた。

この大会を前にした14年度、選手たちは「飛躍～新たなる挑戦」というチームテーマを掲げ、箱根駅伝は5位を目標としていた。順位としてはあと1つ届かなかったものの、目標設定は妥当なところだったと思う。

前回13位だったチームが次は5位を目指すとなると、かなり高いハードルではないかと思われるかもしれない。

10月の箱根予選会では前回と同じ3位通過ながら、総合タイムでトップの神奈川大学とは20秒差、2位の國學院大學とは13秒差と、選手たちはほぼ想定通りのタイムで走ってくれた。

それから約2週間後、2年ぶりの出場となった全日本大学駅伝では、箱根予選会で上位に入った選手を中心にオーダーを組んだ。予選会でいまひとつだった石橋が7区で区間2位と好走した以外、突出して区間順位がよかった者はいなかったが、それぞれが役割を果たし4年ぶりの入賞となる6位でゴールし、大きな自信をつかんだ。

箱根を前に、エントリー選手上位10人の1万mの平均タイムでも、東海大は全出場チーム中7位につけ、28分台を持つ選手が7人という人数は駒大と明治大学の8人に次ぐものだった。

予選会や全日本で得た自信、持ちタイムによる客観的なデータなどから判断し、箱根本戦では5位を目指す。選手たちのその考えに私としても異論はなかった。

目標の立て方や考え方はいろいろあるが、私の場合でも無謀な目標は立てない。駅伝であれば自分たちの戦力やほかのチームの力量を分析し、それよりも少し高いところに設定する。

本戦では白吉や宮上（ともに3年）といった前回も主要区間を担った主力が躍動し、川端千都と春日千速のルーキーコンビがそれぞれ2区で7位、8区で5位と力走した。初優勝を果たした青山学院大学をはじめ、戦前から「5強」と言われていた各校には力の差を見せられたが、上位進出への足がかりをつかめた大会となった。

ところで、選手個々の目標に関しては、基本的には選手各自に考えさせる。

たとえば、「5000mで13分台を出したい」という選手がいたとする。選手は当然、よりいいタイムを求めている。だが、それが現実的にできそうなのか。

できそうなら「今後はこういう練習をしながら、この記録会で狙っていこう」となるし、どう考えても難しそうだというなら、「まずは14分20秒を切るところから段階的にやっていこう」とアドバイスをする。

そうしたやりとりは、普段の練習中にする。

「それだけ走れているんだから、目標はもっと高くしてもいいんじゃないのか?」などと、雑談を交えながら目標を微調整する。監督の私が君のことをそう評価しているのだというのを伝えるわけだ。

面談という形で、選手一人ひとりと個別に話をする機会も設けている。

私自身なかなか時間が取れないことや部員数が多いため、頻繁にはできていないが、シーズンの切り替わりや合宿中の空き時間に行うことが多い。

面談の第一の目的は、選手の動機づけである。目標を明確にする。

選手本人には本人の「この試合に出たい」「箱根に出たいから、練習はこういうふうに持って行きたい」といった考えがある。まずそれを聞く。

次に、「今、こういう状態だから、こうやって強化していくのがいいんじゃないか?」と、私の考えを伝える。

多くの選手は箱根駅伝を目指しているが、箱根に至るまでにもいろいろな試合やさまざまな種目があり、選手もそれぞれに得意、不得意があったりする。

自分はどこでアピールし、どういうところで監督に認めていってもらおうかということを選手は必死に考えている。監督の考えと違ったら、自分は選手として使ってもらえないかもしれないと思っている者もいるだろう。

選手は、監督が自分のことをどう考えているのか知りたいし、確認したい。それは私も同じで、彼らの意見や考えはできる限り尊重する。

そうしたお互いの考えを面談ですり合わせている。選手と指導者は当然、同じ方向を向いていなければいけない。面談での話し合いは、どの練習に当てはめていくかの指針にもなる。

この取り組みがどれほどチーム力の向上につながったかはわからないが、14年度の箱根のエントリーメンバー16人は、1年前に1人だけだった5000m13分台ランナーが3人に増え、3人しかいなかった1万m28分台も7人と過去最多になっていた。

このシーズンで言えば、男子マネジャーを「学生コーチ」という呼び名にしたという変化もあった。

東海大にはバスケットボールやラグビー、野球など、学生日本一を常に狙っている運動部が数多くある。彼らの練習を見ていたとき、現場で学生コーチがとても活躍していると感じた。監督並みに指示を出し、その場をきちんと仕切っている。チームの中でよく機能していた。

長距離部員とは、全く違っていた。

それまでの男子マネジャーは各学年に1人以上いるにもかかわらず、皆が一様に、ただタイムを計測しそれを読み上げるだけで、自分の感性で選手に何かを伝えるということがなかった。以前からそのことが気になっていたので、彼らにはたびたび言っていた。

「女子マネジャーと同じことをやっているんじゃや、お前たち、必要ないぞ」

もちろん、女子マネジャーを揶揄しているわけではないし、タイムの計測はなくてはならないマネジャーの仕事だ。

ただ、男子マネジャーには単なるマネジャー業だけで完結するのではなく、ラグビーフットボール部やバスケットボール部のように、指導にも目を向けてほしかった。

高校の陸上部であれば、マネジャーの役割はタイムを計るほかに、選手に水の入ったボトルを手渡すとか、顧問の先生に言われた仕事をこなすのが一般的だ。先生を差し置いて選手に指示を出すような出しゃばり方はご法度と言ってよく、おそらくそんなことはしないし、できない。

私は、大学のチームであるなら、高校のチームとは違う雰囲気を出したかった。

将来的に指導者になってほしいという思いは、そこにはない。現実的に私自身が忙しく、練習の現場にいないことも少なくない。そんなときに選手を仕切り、改善点や指摘すべき点があれば自分たちの判断でものを言えるような状況をつくりたかった。また、スタッフの立場を明確に分けることにもつながり、同じ生活を送っている学生同士であっても区別しようと考えた。

だから男子マネジャーを「学生コーチ」に変えた。

それから5年以上が経過し、学生コーチの存在はいまやチームにおいてかなり重要なポジションを占めるようになっている。

合宿に行くと、選手には早めに消灯させ、学生コーチと一緒に風呂に入ることがある。そこでは、その学生コーチの将来のことを聞いたり、「今日、一日どうだった？」とチームの様子を探ったりしてコミュニケーションをとっている。

また、ひそかな目的として、私が個々の選手に対して褒めたいと思っている内容を学生コーチに吐露する。それを選手に伝えてほしいとは言わないが、10話したうちの2、3が伝わるように仕向けている。

選手が私に不満を感じるようなことがあれば、学生コーチが「お前はそんなふうに言うけど、監督はこの間、お前をこんなふうに評価していたぞ」といった感じで言ってくれたらありがたい。

私が「あいつにそう言っておけ」となると、わざとらしくなるので言わない。私がそう思っているということを学生コーチが心に留めておいてくれるだけで、「あいつにはそういういいところがあるのか。監督はそこを評価しているんだな」となり、チームはだいぶ円滑に回るようになる。

学生コーチは、上司の評価を部下に伝える中間管理職のようなものかもしれない。チームにとっては大黒柱で、キャプテンと同等か、あるいはそれ以上に大事な役割を担っている。

学生コーチを採用するきっかけとなったように、東海大のほかの運動部を見ていると、勉強になることは多い。

男子バスケットボール部監督の陸川章先生の考え方はとても参考になった。

陸川先生がヘッドコーチに就任した01年度当時、バスケット部は関東大学リーグ戦でも2部に属するチームだったが、わずか数年で全日本学生バスケットボール選手権大会2連覇を成し遂げるまでの強豪に育て上げた。

陸川先生の素晴らしさは、選手を怒らず、褒めて選手を伸ばすところにある。全く叱らないし、周囲からも先生の悪口は一切聞かない。選手からも「陸さん」と親しまれ、常に選手と同じ目線で物事を考えている。

陸川先生はアメリカで学んできた指導法に、日本のいい面を交えながらアレンジしているからのように感じる。

「社会に出てからも活躍できる選手を育てたい」と言っており、その点に関しては共通しているが、私の指導なんて先生の足元にも及ばないだろう。

私も所属する体育学部競技スポーツ学科の主任までやっていた陸川先生は、まさにスーパーマンだ。とてもではないが、私にはまねできない。

陸川先生以外にも、私の周りには本当によい先生が多い。

先生同士がみんなで頑張ろうという感じで、お互いに認め合い、助け合っていこうという雰囲気を感じる。勉強にもなるし、切磋琢磨できる環境だ。私にとっては働きやすく、これほどよい職場というのもなかなかないだろう。

体育学部の先生方はご自身の運動部のことで忙しい中、箱根駅伝はもちろん、いろいろな大会の結果を見てくださっている。そして私の研究室を訪れては、「あの試合はよかったね」とわざわざ言いに来てくれる。本当にありがたいことである。

こうした雰囲気は、東海大出身者以外の先生が多いことも影響していると思う。

同窓生ばかりの職場だったら、どうしても、先輩や後輩の関係、自分はＯＢだからと、あぐらをかくような人も出てくるかもしれない。

そうではないから、どの先生も謙虚で、特にほかの大学から来た先生は、「外部から呼んでもらえているのだから頑張らないといけない」と、あらゆることに熱心に取り組んでいる。そういう点も見習っていきたい。

努力の天才　金子晃裕

就任して8年が経つ中で数多くの大学生を指導してきたが、最も印象深い選手は、4年時だった16年、92回箱根駅伝を走った金子晃裕（現・コモディイイダ）だろう。

15年度は初めて全学年が、私がスカウトしてきた選手で占められたシーズンでもあった。東海大駅伝チームは例年、4学年合わせて50から60人の部員が所属している。部員が100人をこえる大学もあるが、箱根駅伝の常連校であれば60人前後というのは一般的だ。高校で20人前後の選手を指導していた私にとっては、2倍から3倍の選手を見なければならない。西出先生らコーチ陣もいるとはいえ、さまざまな意味で負担は大きい。

学生スポーツにおいて、本来、「入部したい」という学生を拒否してはいけない。しかし、現状を見ずして単に憧れだけで入部してこられると、収拾がつかなくなってしまう。だからチームのレベルを維持するためにも、やむを得ず基準となるタイムを設けて入部を制限している。基準タイムは5000m15分0秒以内だ。

一般入試で12年春に入学してきた金子は、群馬の桐生南高校時代、5000mのベストが15分25秒だった。「箱根駅伝で走りたい」という夢を持ち、駅伝チームに入りたいと私のところにやってきたので、こう言って断った。

「入部基準に満たなくて東海大入学を断念した者もいる。そういう者がいる中で、君だけを特別に入れてあげることはできないんだ」

仕方なく金子は東海大の陸上競技サークルに入り、地道に練習を続けた。

状況が変わったのは２年生の夏、７月の東海大記録会である。

金子は５０００ｍで14分54秒05の自己ベストをマークし、入部基準のタイムを切った。ゴール後、即、私のもとに飛んできて、「今、15分を切りました。明日から入部させてください」と息巻いた。

とにかく意欲がすごい選手だった。こんなに思いが強い大学生がいるのだと、私はただただ圧倒された。しかし、そのときもあえて快諾はしなかった。

「これまでは『陸上競技部に入りたい』というモチベーションが高く、それに向けたやり方がよかったから、結果が伸びた部分もあったと思う。それが、チームに入ってトレーニングを強制されたときに、同じように伸びていけるかどうかは別だよ。それに入部基準の対象はあくまで高校生相手のもので、大学生のものではない。ようやく高校生の基準タイムをクリアしたのはいいが、あと２年半の中で、ほかの選手に追いつけるかどうかしっかり考えなさい」

それでも、金子の目は輝いたままだった。断る理由はもうない。

箱根駅伝に出るには、チームに所属しないといけない。「箱根で走りたい」という夢をかなえるために努力してきたのだ。私はその熱意に負け、「これからは一緒に頑張ろう」と、途中入部を許可した。

正式入部を認められた金子はチームの寮に入ることも可能だったが、大学から1・5km離れたアパートで引き続き一人暮らしを続けた。環境が変わるのが嫌だった部分もあったかもしれない。だがそれ以上に、そこで生活していれば往復3km、午前と午後の2部練習の日は6km、3部練習なら9kmもほかの部員より多く走れると考えたという。

しかしながら、入部しても練習についていくどころか、脚ができていないから故障ばかりだった。

けがをしているとどうしても運動量不足になるため、東海大では故障者の活動時間を長くしている。補強運動など今後につながるメニューをやらせ、だいたい19時に集合して終了する。

このとき大半の者は「今日も周りから遅れをとっている」「満足に練習できなかった」「くそー、早く走りたいな」とうつむいて、暗い顔をしている。焦りや喪失感に襲われたり、「今日も痛かった」と下を向いたりしがちになる。故障者ばかりが集まっているのだから、どんよりとした雰囲気の集合になるのは致し方ないことではある。

ところが、金子だけは違った。とても故障しているようには見えないのだ。

ほとんどの者が18時50分くらいに集合場所に来て、やることもない様子で「早く終わらないかなぁ」と、ペチャクチャとしゃべったり、暇をつぶしたりしている。

そんな中でも彼はいつも集合時間ギリギリに、息も絶え絶え、汗をにじませてやってくる。ときには「まだトレーニングの途中なんだけど……」と言いたいのを我慢しているようなこともあった。

その姿が不思議で、充実した表情を見せている真意を問うと、「今、自分にできることを精いっぱいできたから満足です」と胸を張って言う。「故障しているからといって、無駄に過ごしたという感覚は全くない」と言い切るのだ。

私は教員として、あるいは陸上競技の指導者として、生まれ持った能力やセンスが重要であることはよくわかっている。スポーツにおいては、むしろそれこそが結果につながる第一の要因だと思う。それがあるからこそ選手は活躍できるのだ。

短距離の１００ｍに象徴されるように、努力ではいかんともしがたい種目がある。走り高跳びなどの跳躍種目も、「やりすぎてバネを使ってしまうとパフォーマンスが低下するから」と、練習時間においても休憩がかなり長い。

もちろん長距離も、体への負担がかかるという点でやりすぎは禁物だが、そこまで休んでいたら走れなくなるだろう。短距離や跳躍の選手は、特にセンスがものをいう種目だと感じていた。

それに比べれば、長距離は努力が結果に表れやすい競技ではあるが、それでも素質を上回るまでには至らない。佐久長聖時代の佐藤清治やその他、数多くの実績を残してきた選手を見てきて、努力以上に生まれ持ったもの、素質が勝ると信じて疑っていなかった。

その考えが金子という存在によってまるで覆された。スポーツとは、指導とは……。あらためて考えさせられた。

金子と同学年で、同じく一般入試で入学してきた高木登志夫（現・横浜ＤｅＮＡランニングクラブ）も記憶に残る選手だ。高校時代に５０００ｍを14分52秒37で走って、入学と同時に入部できた。３０００ｍ障害でインターハイにも出場している。

だが、２年目までは故障が多かった。それは取り組み方が高校の延長だったことに原因があると思うが、その調子では3年目、４年目も故障だけで終わってしまう。

そこで高木は自分で積極的に勉強し、全体での朝練習後に一人でカラーコーンを並べて何度もドリルトレーニングを重ね、フィジカル系のトレーニングにも取り組んだ。そうした自主的な取り組みが変化をもたらし、競技力をぐんぐん向上させていった。

自ら考えて行動するというのは、その時点ですでに評価に値する。これは勉強と一緒で、授業の中でやらされた勉強と、自ら予習や復習をしたり、知りたいという探求心を持って学んだりする勉強とでは、身につき方が全く違う。

高木は、自分で考えて「こうだ」と思ったものを信じてやり抜いた。それが3年時の91回大会で「箱根を走る」という夢の実現につながった。

そうして迎えた92回箱根駅伝では、主力が故障や体調不良で予定していたオーダーを組めなかった。3位以内を目指していたものの、総合5位に終わった。だが、苦戦を強いられる中、９区の高木が区間3位、10区の金子が区間4位と、「一般入試リレー」の力走でチームの窮地を救ってくれた。

当時の金子の１万ｍのベストは30分6秒61。10区を走った21人中、２番目に遅かった。それでも目の前で28分台の選手を力強く抜いていく金子を見ながら、私は、箱根駅伝が持

2016年の箱根駅伝でアンカーを務めた金子晃裕。指導者としての考え方を覆された「努力の天才」は、区間４位という好走を見せた

つ力を感じずにはいられなかった。「箱根駅伝は努力がセンスをこえさせることもある。努力次第で結果を残せるのが箱根駅伝なのだ」と。

さらに言えば、10区はそれが可能な区間でもある。

どの大学もミスを恐れて安全なペースで走る。あるいは、逆転を目指して序盤から突っ込み、スタミナが持たずに失速するため、1kmあたりの平均ペースは10区がきわめて遅い。だから多少素質がなくても、訓練次第で走れるわけだ。それを十分にわかっていた金子は、10区を走ることをピンポイントで狙っている雰囲気だった。

金子のことを周りの選手たちは「すごい。ああやったら夢は実現するんだろうな」と評価していた。

私は彼が卒業してからも、「努力で才能がある者を押しのけて箱根のメンバーになった者もいた。やればできるんだよ」と、事あるごとに話す。

ただ、自分もまねしてみようという者は少ない。「自分たちは金子さんのようにはできない」という考えですましている者がほとんどだ。素質のある選手というのは、本当の意味で苦労した経験がないため、がむしゃらにはい上がることは難しい。

天は二物を与えず、とはけだし至言である。

二物を与えられた選手がいるとしたら、私の教え子の中ならそれは大迫傑だろうか。彼は高い資質を持ち合わせていながら、努力を惜しまない。

箱根駅伝のようなレースであれば、当時の金子が常に10人いたら毎年勝てる。監督の私に本気でそう思わせるほど、東海大の革命児だった。

2016年に入学した黄金世代。当初から箱根駅伝初優勝を掲げ、３年目でその目標を果たした。

左から羽生拓矢、鬼塚翔太、關颯人、阪口竜平

第4章 挑戦

「黄金世代」の入学

スカウトに関しても、ヘッドコーチの西出仁明先生の加入は本当に大きかった。

それと同時に、全国の高校の先生方の協力もなくてはならないものだった。

私は佐久長聖高校の監督だったころ、自分のチームが軌道に乗ってからは、高校陸上界全体に目を向けてさまざまなことに取り組んだ。

有志の先生に声をかけて他校と合同の夏合宿を開催し、日本陸上競技連盟の強化委員を務めていたことから、長野の富士見高原で日本陸連主催という形の全国高校合宿も始めた。さらに、毎年3月に長野で開かれる伊那駅伝に全国の強豪校を呼んだり、冬場にオーストラリアに遠征する選抜合宿も立ち上げたりした。

そういうことをわかっている先生たちが、大学で苦しんでいる私に力を貸してくれたのだ。先頭に立ってくれたのは、秋田工業高校の大友貴弘監督だった。

「あれだけ高校駅伝を盛り上げてくれた両角が大学で苦しんでいる。今こそみんなで協力してあげるべきじゃないか」

ほかの先生たちも「そうだ、そうだ」と賛同してくださった。

高校の先生が大学にいる私に対して、〝何かしてあげないといけない〞と考えたときに何をするか？　それはもう選手を送ることしかない。

駅伝チームの監督に就任してすぐに箱根のシード権を落とし、翌年には本戦出場も逃した。3年目には全日本大学駅伝の連続出場も途絶え、箱根出場は果たしたもののシード奪還とはならなかった。成績は右肩下がりとなっていた東海大学に、積極的に選手を送ってくれたのだ。

大友先生をはじめ各校の先生方の存在が私の支えであり、感謝してもし尽くせない。

そして、そうした考えのもとで一気に集まってくれたのが、2016年に入学してきた「黄金世代」と呼ばれる選手たちだった。

スカウトで高校生を勧誘するとき、3年生になってから初めて声をかけるわけではない。有力選手には2年生のうちからアプローチするし、1年生の段階から目をつけておくこともある。

西出先生がコーチに加わり、私がスカウトに注力できるようになった14年度は、黄金世代が高校2年生だった。秋田工業には松尾淳之介、高見澤勝が指揮を執る佐久長聖には關颯人、福岡・大牟田高校の赤池健先生のところには鬼塚翔太など、一緒に合宿や練習をやっていた先生の高校に全国の核になる選手がそろっていた。

彼らが3年生となり、いよいよ進路を決めるというとき、再び大友先生が「困っている両角を俺たちで男にしよう」と呼びかけ、力のある選手を一斉に送り込んでくれたというわけだ。

さらにそのタイミングで、埼玉栄高校の館澤亨次と兵庫・須磨学園高校の西川雄一朗の入学が決まった。

2人もその後、東海大の箱根初制覇に大きく貢献する。最終学年となった19年度には館澤が主将、西川が副主将と、チームの中心になったという点から言っても非常に重要な補強だった。

黄金世代の存在が一躍クローズアップされたのが、彼らが高校3年生のときに臨んだ15年の都大路だった。

各校のエースが集まる最長10㎞の1区で、区間上位を次年度から東海大に進む選手たちがほぼ独占したのだ。

日本人歴代3位の好タイムで關が高速レースを制すると、千葉・八千代松陰高校の羽生拓矢が1秒差の2位で続いた。3位の選手を挟み、区間4位から6位には鬼塚、阪口竜平、館澤が入った。区間20位台ではあるものの、郡司陽大、松尾、西川の3人もエース区間の1区を走り、中島怜利も6区で2位と好走した。

この結果を見て来年度の東海大に期待を寄せてくれた人がいた一方、「そんなたくさん獲りまくっても箱根では勝てないぞ」といった厳しい声も少なくなかった。ある大学の監督からは「そういうときはダメなもんだ」と言われたりもした。

もちろん、彼らがこの世代の中でもいい選手であることは間違いなかったし、私自身もこの年のスカウトに手応えを感じていた。

ただ、黄金世代とは言っても、夏のインターハイ5000mで決勝に進出したのは鬼塚ただ1人である。關や館澤らはみな予選落ちし、鬼塚も決勝では13位に終わっている。すでに東海大への入学を決めた後、都大路の1区で上位を占めたにすぎなかった。

都大路をテレビで観ていて、「あれ？　3位の世羅高校の子以外、全部ウチに来る選手じゃないか！」と、驚いたのは私の方だった。なにも1区の上から順に私が獲っていったわけではなく、結果的にそうなっただけである。

なお、翌16年の都大路でも全く同じようなことが起きている。

1区区間1位だった佐久長聖の名取燎太、2位で三重・伊賀白鳳高校の塩澤稀夕、3位の熊本・九州学院高校の西田壮志と、上位3人が翌年こぞって東海大の門をくぐることになる。この年もインターハイ5000mで決勝に進んだのは、塩澤だけである。

思い出すのは佐久長聖時代の監督3年目、怪物・佐藤清治と出会ったときもそうだったが、今回も都大路の結果が私に味方する形になり、「俺って持っているな」と感じたのも事実だった。

黄金世代が入ってくると聞いて、おそらく上級生は「嫌だな」と感じたことだろう。強力なルーキーの加入で自分が押し出され、レギュラーのポジションを奪われてしまうのだから無理もない。

だからといって、上級生をやさしくケアするようなことはない。自分たちで結果を残して、ポジションを勝ち取るしかないからだ。

陸上競技は単純だ。タイムと順位ですべてが決まる。

私も長く指導者をする中で結果を重視してきた。だから采配や起用に関して文句を言われたことは一度もない。ほかのスポーツでは指揮官の采配に周囲がとやかく言うことが多いと聞く。学生スポーツでも「なぜ、ウチの子を使ってくれないのか？」と聞きに来る親もいるという。

陸上競技ではそういうことは一切ない。わかりやすい世界であり、それが陸上の魅力でもある。

科学的トレーニングの導入

選手を指導するとき、自分が現役時代にやってきたこと、監督やコーチから教わったことをそのまま当てはめようとする指導者がいる。

私も練習メニューを作るときは、たとえば「1本目はこのタイムで入ると、次はこうなっていくから、この本数はちょっと無理だから減らそう」とか、「もっとタイムを上げられるな」と具体的にイメージする。それは、自分が選手としてやってきた経験があるから、そのように考えることができる。

しかし、指導者が自分がやってきたことだけを選手に伝えても、その選手は指導者をこえることはできない。

だから私は専門書やインターネットなどで、常に最先端のトレーニングを研究している。特に西出先生はそうで、本当に研究熱心である。

世界の陸上中長距離界は今、東アフリカ勢とアメリカを練習拠点とする欧米勢が強い。身体能力の高いアフリカ勢が強いというのはなんとなく想像できるが、なぜアメリカが強いのか。どうやって強くなってきたのだろう。そうやって疑問をひもといていくと、10代のうちはスピードをつけることを重視していたり、科学やテクノロジーを導入したトレーニングを積極的に取り入れていたりするということに気づく。

最近はノルウェーの選手も強く、彼らはアメリカやアフリカでトレーニングもしているが、ポイントになるのはすべてが高地トレーニングであるということだ。日本はその点で非常に遅れており、だから世界で戦えない。

指導者は国内の駅伝で勝っていれば高い評価を受けるが、私はそれではいけないと思っている。

東海大の湘南校舎には、標高０ｍから４０００ｍまでと同じ環境下を再現できる「低圧室」という施設がある。佐久長聖時代に、高地での生活や練習、合宿を通して高地トレーニングの効果を実感していた私は、大学に来ると決まったときに低圧室の存在を知り、「これまでの経験が生かせる環境がある」と思った。

また、せっかく大学に行くなら選手強化だけでなく、研究材料としても高地トレーニングを扱ってみたいと考えていた。その専門家が、東海大のスポーツ医科学研究所で所長をされていた寺尾保先生だった。

佐久市の市街地は標高約７００ｍから１０００ｍのところにあり、佐久長聖では標高約１２００～１３００ｍの菅平高原や約２０００ｍの高峰高原に合宿へ行っていた。そこから平地に戻り、標高が０ｍに近い日本体育大学記録会などに出場すると、選手たちは「すごく呼吸が楽です」と言って軒並み好記録を出した。

人口10万人前後の佐久で生まれた選手の中で、これまで３人が日本高校記録をマークしている。そんな街はほかにない。

なぜ佐久でそんな選手が育つのだろうと考えると、標高が高いからとしか考えられない。3人すべてが私の教え子なら、私の指導がよかったということになるかもしれないが、1人は私の指導は全く受けていない。カギはやはり標高なのだ。

低圧室には就任当初から興味を持っていた。ところが、目の前にあるやらなければならないことに忙殺され、高地トレーニングに手を出す余裕がなかった。そこにたどり着くまでに時間がかかってしまった。

自他ともに「東海大駅伝チームの一番のファン」と認め、低圧室を使い、運動生理学の研究に取り組む寺尾先生に、12年の箱根駅伝予選会で落ちたとき、「チーム再建のために協力するよ」と言っていただいた。

今、陸上界では「リビングハイ・トレーニングロー」という理論が主流になっている。酸素の薄い高地では軽い運動でも心拍数が高くなり、体への負担が少ないままで心肺機能に負荷をかけて持久力を高めることができる。それは、筋肉や靭帯、関節へのオーバーワークを避けながら、高い有酸素能力を身につけるとも言える。これは、高地で生活しているケニア勢が、そこでトレーニングをしているからこその強さという点で証明済みだ。

その一方で、動きとしては、たとえばレースペースである1000m2分40秒や2分45秒という走りを高地ではできにくい。苦しいから体を追い込めず、そういう動作にまで到達できない。つまり、レースに直結する動きをつくるときは、逆に標高を下げていかないと身につかない。

その動きが日常的にできるようになれば、ケニア勢のように高地でもレースに近い走り

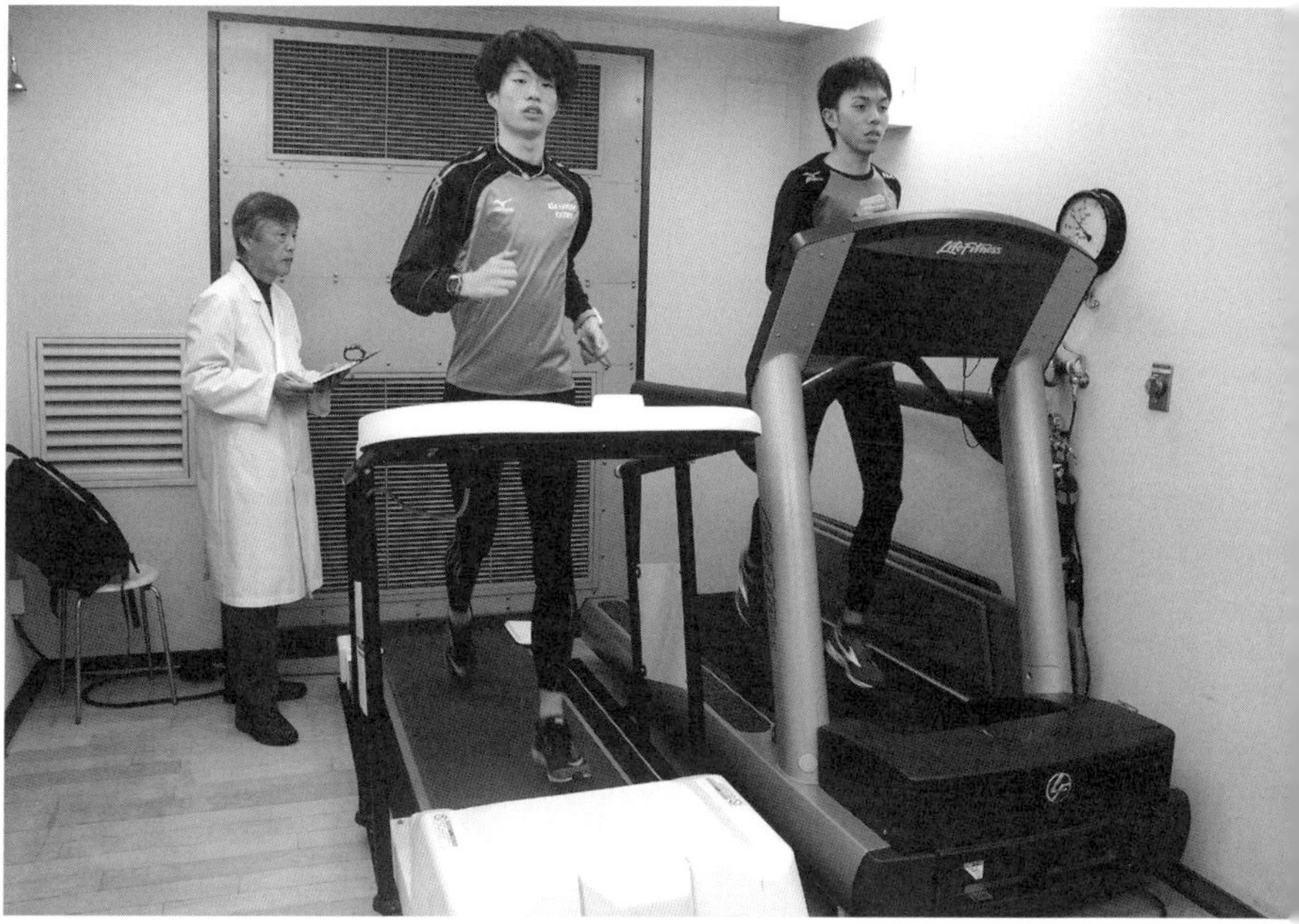

湘南校舎にある低圧室。標高０ｍから 4000 ｍまでと同じ環境下を再現でき、競技力向上に大きな役割をはたしている。高地トレーニングの際には、スポーツ医科学研究所の寺尾保先生(左)が選手のコンディションなどを見てくれていた

ができるようになる。ただ、彼らもそれぞれの自己ベストを高地で出しているわけではなく、標高0mに近いところで出している。要するに、寝ているときを含めた生活や軽いジョギング、長い距離を踏むといったトレーニングは高地（＝ハイ）で行い、スピードを求めるような質の高いトレーニングは下（＝ロー）に降りてきて行う。これがリビングハイ・トレーニングローである。

低圧室は、今では自分が使いたいと思えば寺尾先生にお願いしていつでも使えるようにしてある。館澤や鬼塚らはしょっちゅう使っている。闞はそもそもが標高1000mのところで生まれ育った〝高地民族〟で、まさか郷里を懐かしむ思いからではないだろうが、低圧室をしばしば利用している。

14年度からは、こちらも寺尾先生に協力していただいて寮に「低酸素テント」も導入した。テント内の酸素濃度を標高3000mと同じ環境にでき、体調や試合日程を考慮して指名された選手が睡眠をとる。空気が薄いので酸欠状態になり、息苦しさも感じるが、睡眠中に適度な低酸素負荷がかかり、高地順化能力の向上が得られる。眠りが深くなり疲労回復にもつながるという。

若い時期にスピードを磨くというアメリカの指導理論を大学で導入しようと決めたのは、館澤らの黄金世代が入学してきてからである。

佐久長聖では、上野裕一郎（現・立教大学駅伝監督）、佐藤悠基、大迫傑に取り組ませた。彼らは大学でも活躍し、その後、五輪に佐藤悠基と大迫が、世界選手権には上野を含めて3人が出場しており、一定の成果を出せたと思っている。

だが、最先端の理論というのは、それをトレーニングでやり切れる選手がいてこそ、活用する意味がある。黄金世代には素質のある子も多く、箱根駅伝だけを目指そうというわけにはいかない。世界基準で捉えられる資質があるから、スピードを磨かせようと考えた。關や鬼塚には入学時、５０００ｍのタイムに関してこう言っていた。

「1年生の夏に13分40秒を切る。2年生の夏には13分35秒を切る。３年生の夏には13分30秒を切る。そして、４年生で13分20秒を切ろう」

しかし、3年時にそれをクリアできなかったので、「よし、次は箱根だ」となった。もちろん、箱根を走ったらトラックの記録が悪くなるというわけではない。

私は、新しい理論を試したり、自分が経験のないトレーニングを取り入れたりすることに対して抵抗感や恐怖心は一切ない。いいものは活用し、残していかないといけない。結果を恐れていては、前には進めない。

大学生活は４年間しかない。目の前にいいものがあるのに二の足を踏んでいたり、「次の機会で」と先送りしたりすると、すぐに卒業時期を迎えてしまう。私がそんなふうにするせいで学生の可能性の芽を摘んでしまったとしたら、それは彼らにとって不幸以外の何物でもない。変化を恐れずに常に前へと進み続けるからこそ、栄光は勝ち取れるのだ。

10年ぶりの出雲駅伝優勝

16年度の駅伝シーズンは、黄金世代が初めて臨む学生駅伝ということで、多くの注目を集めた。

1年生というのは、いくら力があっても、経験の面では前年までに出場したことがある上級生にかなわない。失敗するリスクは上級生よりも高い。

それを承知のうえで、私は各駅伝で黄金世代を積極的に起用した。

初戦の出雲駅伝では、1区から鬼塚、館澤、闞と、3人のルーキーを並べた。2区までの2人がいい流れをつくると、3区の闞が区間賞の快走で首位に立つ。5区の途中で抜かれ最終的には3位に終わったものの、1年生の走りは他大学に大きなインパクトを与えたはずだった。

全日本大学駅伝でも黄金世代の4人を使った。しかし、今度は鬼塚が不発に終わり、羽生は7区で14位と苦戦を強いられてしまう。闞は、本番直前にウイルス性の胃腸炎にかかり出場できなかった。

館澤は3区で区間賞と好走し、同じ1年生の高田凜太郎もまずまずの走りを見せたが、ほかの区間を占めた上級生もパフォーマンスにばらつきが出て、総合7位でレースを終えた。3年連続のシード権獲得にはあと一歩届かなかった。

よく選手がレース後、「力を出し切れなかった」とか「自分の走りができなかった」と言ったりする。それこそがその選手の真の実力だという見方をする人もいるが、私は、必ずしもそうは思わない。本来の力を出し切れないことはよくある。

選手や指導者は、持ちタイムや練習の出来から、レースではこれくらいで走れるだろうと見込みを立てる。ところが、スタートラインに立つときに、けがや体調不良を抱えていることもあるし、過度な緊張あるいは慢心や油断から冷静さを失うこともある。悪天候や暑さといった気象条件となると、もはや本人にはどうしようもない。

そうした要素が、力を発揮する際の障害になるわけだ。

緊張に関して言えば、不安からくる部分が多い。たとえば最近の私は、講演を頼まれることが増えた。５００人をこえるような大勢の人の前で90分間、話してほしいと言われたとき、準備を怠ると本番前はとても緊張してしまう。

だが、事前に資料をしっかり作り込んで多少練習していくと、それほど緊張することなく、自信を持って話ができる。

レースも同様で、本番までにトレーニングという準備を抜かりなく行い、「やるべきことはすべてやってきた」という気持ちでスタートラインに立てれば、あとはじたばたする必要もない。静かにスタートの合図を待つのみである。

とはいえ、初めてのことを前にした緊張は誰にでも起こり得る。

館澤は18年のアジア競技大会に出場したとき、「緊張しちゃいました」と言っていた。それまで国内で数々の大舞台を経験していた館澤でさえも、日の丸をつけて挑む初の国際大会で、ライバルたちの力量もわからない。日本での勝手がわかっている大会とは違うため、普段通りの精神状態で臨むのが難しいのは仕方ないことだろう。

17年の93回箱根駅伝でも、私は黄金世代をエントリー16人中８人登録し、そのうちの５人を本番で起用している。しかも主要区間の２区に關、５区に館澤を投入するなど往路に４人の１年生をつぎ込んだ。

その積極采配は、黄金世代といえどもやや荷が重かったかもしれない。關と館澤はともに区間13位と苦しい走りとなり、往路を終わってチームは15位。目標の3位はおろか、シード権の確保も危うい状況に陥った。

そんな窮地を救ってくれたのが、7区以降に起用した4人の上級生だった。石橋安孝（4年）が区間賞の快走で4つ順位を押し上げると、春日千速（3年）、川端千都（3年）、林竜之介（4年／現・SGホールディングスグループ）が懸命につなぎ、総合10位で辛くもシード権を死守した。

もっと冷静に適材適所のオーダーを組めれば、というのが私自身の反省点だったが、いずれにしても、これまでさまざまな苦い思いをしてきた上級生の経験に助けられた大会でもあった。

そうした経験や新たなトレーニングによって徐々にチーム力が向上し、一つの成果となって表れたのが、17年度の出雲駅伝だった。

16年の箱根駅伝で連覇を果たした青山学院大学は、16年度には史上4校目となる出雲、全日本、箱根の三冠を手にしていた。つまり、学生駅伝は4大会連続で青学大が勝ち続けていた時期である。駅伝シーズンの幕開けを告げるこの出雲も、青学大が優勝候補の最右翼に挙げられていた。

私は、2年生となった黄金世代を6区間中で5人起用した。ベストオーダーではあったが、強く優勝を意識してはいなかった。

ところが、いざレースが始まると、選手たちが期待以上に力を発揮してくれた。

駅伝監督に就任してから初めて優勝を果たした出雲駅伝。１区から流れに乗り、アンカーの關颯人も持ち前のスピードを生かして区間賞を獲得。右手を突き上げてゴールテープを切った

まず阪口（2年）の1区起用がうまくはまった。5位発進となった東洋大学に24秒差、8位とやや遅れた青学大には38秒ものリードを奪い、主導権を握ることができた。

2区の館澤の後、松尾の3区で3位に後退したものの、4〜6区に入った鬼塚、三上嵩斗（3年）、關が3連続区間賞の快走を披露した。

鬼塚がゲームチェンジャーとして首位を奪い返してくれたのが大きかったし、1学年下の黄金世代の入学に刺激を受け、競技に取り組む姿勢が変わった三上の走りっぷりには「よく成長してくれた」とたたえたい気持ちだった。

出雲の区間配置に関しては、2区や5区から決めていく箱根駅伝ほど綿密に考えているわけではない。

それぞれに「俺はあの区間に行きたい」とか「自分はここが得意だ」というのがあり、なんとなく選手間で調整しているようなので、私も雑談の中で、「お前はどう？　何区に行きたいとかあるの？」という感じで、さりげなく聞いたり探ったりすることもある。

「あの区間は絶対ダメです。自分は細かいアップダウンがあるところが好きなんです」などと言ってくる館澤のような選手もいる。

もちろん、選手の意向や希望がそのまま通ることは稀だが、私が区間配置を最終決定する際には参考にする。

青学大に1分33秒の差をつけて、關が優勝のゴールテープを切った。

私が監督になってからは初の三大駅伝制覇である。東海大としても、出雲で3連覇した07年以来、実に10年ぶりとなる三大駅伝での優勝だった。

派手な喜び方をしなかったので、周囲からはうれしくなかったのかと聞かれたが、そんなことはない。もちろん、喜んでいた。ただ、全日本や箱根も含め、いつも一生懸命応援してくださるこの地区の大学同窓会や学生の保護者の会である後援会の方々が歓喜している姿に圧倒された面はあったかもしれない。

選手たちが私を胴上げしてくれようとしたが、それは断った。次に全日本大学駅伝もあるし、最終目標は箱根だ。「正直なところ、（胴上げは）ここではないだろう」という思いだった。

出雲に勝ったことで、「唯一、三冠に挑戦できるチーム」として、東海大に対する注目度が、がぜん高まった。しかし、私は三冠は全く意識しておらず、「出雲だから通用したのだ」と感じていた。

最短区間は５・８km、最長でも10・２kmの出雲に対し、全日本は最短区間が９・５kmで、最長は19・７kmもある。箱根は全区間が20km以上だ。

距離が長くなればなるほど、厳しい戦いになるだろうことは容易に想像できた。

そして、出雲から約１カ月後の全日本でその予感が的中する。

２区を任せたルーキー・塩澤の奮闘や３区・館澤の区間賞の力走など、収穫があった一方で、チームの核となるべき１区の鬼塚、４区の關が本来の走りをできなかった。

５～７区の湊谷春紀（３年）、國行麗生（４年／現・大塚製薬）、三上がそれぞれ区間２位と粘って再び首位に躍り出たが、アンカーの川端（４年）が神奈川大学のスーパーエース・鈴木健吾選手（４年／現・富士通）に太刀打ちできず、14年ぶりの全日本制覇とはならなかった。

勝てなかった悔しさは当然あった。ただ、03年の優勝を除けば、東海大は全日本で1度、4位に入ったことがあるだけだった。エース格の2人が不本意な走りになってしまった中でも準優勝できたことは、チームに地力がついてきた証拠だった。

箱根や全日本でシード権が獲れるようになると、それぞれの予選会に出る必要がなくなる。それによってトラックや本戦に向けた練習に取り組める。このころからさまざまなことが好循環で回り始め、それもチーム強化のうえでは大きかった。

〝裏キャプテン〟を巻き込む

黄金世代が入学してきた年は「両角先生は彼らばかり見ている」と思っていた選手もいただろう。当時、すでにエース的な存在だった川端は、黄金世代の入学を最も期待し、そして最も恐れていたかもしれない。

スポーツというのは実力の世界である。年齢が上だろうと下だろうと、試合では力のある者が起用される。悔しかったら強くなればいいだけの話だ。

それがチームの雰囲気づくりとなると、影響力のある上級生をどう巻き込んでうまくやっていくかが、指導者にとって重要なカギになる。ボウリングに例えれば、核になる一人がヘッドピンだ。そこを攻略すればほかのピンもすんなりと倒れる。

気持ちをつかんでおくべき影響力のある上級生は、キャプテンとは限らない。

「この練習はないだろう」とひとこと言うと、ほかの皆も「そうだよな」と賛同し、なんとなくチームをまとめてしまう、いわば「裏キャプテン」といった存在である。14年の春、大きな期待を背負って東海大に入学してきた川端は、そんな選手だった。

川端は、1年目からさまざまな大会で活躍した。

学生駅伝も最初の出雲こそ東海大自体が出場を逃したために走っていないが、4年時の箱根までの11大会中、10大会の学生駅伝に出場している。唯一メンバー外だったのが、チームが優勝した4年時の出雲だけで、卒業した翌年度には、後輩たちが箱根で初優勝を飾るというのも皮肉と言えば皮肉だった。

京都府出身で、強豪校とは言えない綾部高校では、伝統のやり方を重んじたり、チームで何かに取り組んだりすることはあまり経験していなかったらしい。そんな中でも、アジアクロスカントリー選手権大会ジュニアの部に日本代表として出場するなど、同世代の中ではかなり知られていた。1年時の12月にマークした1万mの28分53秒20は、箱根に出場する全大学の1年生の中で一番乗りとなる28分台だった。

その翌月に行われた91回箱根駅伝で、私は川端を2区に抜擢した。

ルーキーらしからぬ堂々とした走りで、花の2区を区間7位で走破し、チームにとっては4年ぶり、私にとっては監督になって初となるシード権獲得に大きく貢献してくれた。

故障が少なく、実力は申し分なかった。その一方で個性が強く、周囲の人間に対する影響力が大きい選手だった。

チームのためには、川端を生かさなければならないが、「この子の扱いを間違うと、とんでもないことになるだろう」とも感じていた。彼がどちらを向いているかで、チームの状況は大きく変わる。そんな思いもあり、日ごろからとても気を使った。

3年生になったとき、黄金世代がチームに加わった。学年が2つ上というと、さまざまな面で影響が及ぶ。私は、それまで以上に彼の様子を注視する必要があった。

競技に対して、とにかく一生懸命なのが川端だ。練習は納得してやりたいし、だからこそ無駄なことはやりたくない。周りの目には、それがわがままに映ることもあったかもしれないが、何かが突出して優れている人間は、多少そのように見えることもある。そんな選手は、これまでにいくらでもいた。

さらに自分の主張をきちんと言える選手だった。その姿勢は監督である私に対しても変わらなかったため、意見が真っ向からぶつかることも少なくなかった。だからといって目障りだと思ったことや、私に逆らっていると感じたことは一度もない。けんかをしたこともない。

4年間を精いっぱいやってくれた。結果も残し、主力として十分に活躍してくれた。18年の94回箱根駅伝を前に、東海大のエントリー選手上位10人の平均タイムは、5000m、1万m、ハーフマラソンの3種目すべてで全大学中のトップにランクされた。出雲で勝ったとき以上に、「このチームは本当に強くなった」と、私は確かな手応えを感じていた。

箱根ではアンカーの10区に置いた。12月上旬の合宿で左脚を痛め、万全な状態ではなかったこともあったが、最後は4年生にゴールテープを切ってもらいたいという気持ちもあった。

レースは出雲優勝メンバーと前回の箱根メンバーを中心にオーダーを組み、往路は9位で折り返した。復路に入ると、6区の中島と8区の館澤がともに区間2位と奮起したが、3位でタスキを受けた川端を最終盤に低体温症が襲い、ふらふらになりながらなんとか5位でフィニッシュした。

川端は非常に食が細かった。嫌いな食べ物も多く、出されたものを半分しか食べないようなときもあった。幾度となく、「それではレースの後半まで持たないぞ」と忠告したものだ。トレーニングはもちろん、食事の段階からエネルギーをしっかり蓄えられる能力をつくっておかないといけない。だから合宿では面と向かって座り、「全部食べなさい」と言ったりもした。そういうとき、彼は頑張って食べていた。

だが、そういうことは合宿のときだけで、食事に関しては、私が見ていないと頑張れないことが多かったようだ。もちろん、低体温症は食事だけが原因ではないが、もっときちんと食べられるようにしてあげていたら、ああいう失速はなかったかもしれないと思うと、私にも責任はある。

川端は4年間でだいぶ大人になった。だからこそ、最後の箱根でいい思いをさせてあげられなかったのは、監督生活の中における後悔の一つになっている。

グランドプリンスホテル新高輪で開催された「第 95 回東京箱根間往復大学駅伝競走 優勝祝賀会」。
約 1800 人を前に優勝報告と感謝を述べる

第5章 世界

戦い終えて

第1回の箱根駅伝が行われたのが1920年。それからちょうど100年目という節目の年に、東海大学は初めて総合優勝校としての名を刻んだ。

箱根は、まぐれでは勝てないと言われる。

今回、優勝候補に挙がっていたライバル校がいくつかの区間でミスをしたのでは？　と思われることもあったが、東海大の選手たちが100％の力を出し切ったからこその優勝だった。

彼らは優勝に値する努力をしてきたし、何より力のある選手が増えた。

東海大は73年に箱根初出場を果たし、2000年代に入ると、伊達秀晃、佐藤悠基、村澤明伸、早川翼ら、数々の名選手を輩出してきた。そうしたスーパーエース級の選手を擁しながら箱根を制することができなかったのは、ひとえに選手層の厚さが足りなかったからだと思う。

私も監督就任時には、チームに村澤、早川という他大学がうらやむWエースがいたが、2人を主要区間に配してもシード権さえ獲れなかった。

箱根で優勝するためにはエースが1人、2人いるだけでは勝てない。周りをしっかりと支える土台があって初めて勝つチャンスが生まれてくる。19年の箱根駅伝であらためてそのことを感じた。

　エース格である鬼塚翔太や館澤亨次の力だけでは、優勝という結果は手にできなかっただろう。決して派手さはないものの、2区の湯澤舜や9区の湊谷春紀といった4年生が強固な土台となって、チームをがっちりと支えてくれた。

　18年度のトレーニングは、夏から距離重視に切り替えてきたことが奏功したが、中でも湯澤の存在は大きかった。私と同じ東海大学付属第三高校（現・東海大学付属諏訪高校）出身で、高校のころから決して注目されていたわけではないが、故障が少なく、練習を継続できるのが強みだった。

　試合では結果がなかなか出せず、昨年度まで三大駅伝の出場機会もなかった。それが3年目から4年目にかけて着実に成長し、最終学年になると三大駅伝初出場どころか、すべての駅伝で最長区間を担ってくれた。

　職人気質というか、長い距離を堅実に走れる湯澤のような選手が1人いるだけで、チームの戦い方がここまでがらりと変わるのだと実感した。

　主将の湊谷も湯澤と同様に復路のエース区間を任せた。周囲に流されない芯の強さを持っていて、黄金世代にはない持ち味で勝負をしている姿から多くの仲間が彼の強さを認めていただろう。

　箱根駅伝優勝の反響は想像以上だった。

　大会直後から講演会や本の執筆、テレビ解説の出演、取材などの依頼が一気に舞い込み、箱根で勝つとはこういうことなのかと感じさせられた。

　東海大副学長の山下泰裕先生も心から喜んでくれた。レース後、閉会式会場の読売新聞本社に来てくださり、初めて先生と抱き合った。人としての器が大きいことはわかっていたが、柔道の無差別級で世界を制した方だけあって、体の大きさにも圧倒された。

また、陸上競技部部長の植田恭史先生は3日の夜にチームが開いた慰労会で、「東海大が箱根駅伝に初出場した73年に私は跳躍の選手として陸上競技部に入りました。その後、指導者としても部に携わり、長い歴史の中で初めて箱根優勝を味わう部長になることができた。本当にありがとう」と喜んでくださった。

私の教え子で佐久長聖高校駅伝部監督の高見澤勝からは、「おめでとうございます！」という電話をもらい、私は、「お前が先に日本一になって焦ったよ。これでようやくお互いに肩の荷が一つ下りたな」と返した。

11年に突如として私の後任を任されることになった高見澤は、監督になって2年ほどは都大路でも入賞できず、苦労が絶えなかった。それでも持ち前の誠実さで指導を続け、就任7年目の17年にチームを全国優勝に導いた。

高見澤が勝ったときは自分が勝ったときよりもうれしかったが、私もこうして一つの結果を出せたことで、本当の意味で安堵できた。

電話と言えば、私の前任者であり、恩師である新居利広先生は、フィニッシュ後一番に電話をかけてきてくれた。本当にうれしかったし、優勝の日のよき思い出である。

表彰式を終え、私は部員全員に向けてこう話した。

「走った選手も走れなかった選手も、皆がいて手にできた優勝だ。ありがとう。陸上競技部の歴史にこの栄光を刻めたことを誇りに思ってほしい。子どもや孫の代まで誇れることだぞ」

東海大の監督になってからの8年間を振り返ると、うまく行かなかったことの方が圧倒的に多い。特に就任当初はさまざまな失敗の連続だった。

悲願だった箱根駅伝優勝を果たしたことですべてが報われるかと言えば、そんなことは全くない。中でも本戦への連続出場を途切れさせてしまったこと、村澤や早川ら12年度に4年生だった選手やスタッフを大学生活最後の箱根に出させてあげられなかったことの心苦しさは、これからどれだけよい結果を残せたとしても、ずっと残っていくだろう。

大学の陸上長距離チームの監督を任されている以上、箱根駅伝出場は大きな使命の一つである。そして、その箱根で選手に少しでもいい思いをさせなければいけない。

あのころの自分は、大学駅伝チームの監督の役割というものをよくわかっていなかった。安易に考えていた。

村澤や早川が最上級生だった年は、全員が万全ではなかったにしろ、予選会を突破する戦力は整っていた。にもかかわらず、その力を発揮させてあげられなかった。

この思いはおそらく、私が大学の監督を辞めるまで、もしかしたら辞めた後でも自分の喉元に引っかかったままになるような気がしている。

18年度は「『速さ』を『強さ』へ」というテーマで、スピードを磨きながら強さを身につけることを追い求めてきた。箱根で優勝したことで強くなれたかと問われれば、まだまだと言わざるを得ない。「人間的成長なしに競技力の向上なし」である。選手たちには、人間的にももっと成長してほしいので、まだ強さは足りていないと言っておこう。

それに、本当に強いチームと言うのは、青山学院大学の4連覇や東洋大学の11年連続3位以内という実績が示すように継続性があるチームのことを言う。2連覇や3連覇、あるいは毎年のように優勝争いに絡んでいけたとき、初めて強豪校の仲間入りができると思う。だからこそ真価が問われるのは、これからである。他大学も「打倒・東海大」と闘志を燃やしているだろう。私たちも、いつまでも優勝の余韻に浸ってはいられない。

今後、さらにチーム力を上げるためには、まずチーム全員で勝ち取ったものである。しかし、走っていない選手の奮起も不可欠だ。優勝は彼らも含めて、チーム全員で勝ち取ったものである。しかし、走っていない選手まで「自分は強い」と思ってしまったら、次はもう勝てない。私としては、そういう勘違いや錯覚を起こさせないようにしなければならない。

頂点に立ったとはいえ、箱根での勝ち方や攻略方法がわかったということはない。もちろん、勝った経験は大きな財産にはなるが、学生スポーツは毎年、選手が入れ替わる。箱根を目指す1年生が加わり、すべての大学が再び横一線でスタートを切る。一度だけ勝てたからといって、箱根駅伝のイメージや難しさが変わるわけではない。

単純に考えて、19年度の東海大は、今回の優勝メンバーのうちの8人、箱根経験者は10人が残ることになる。

湊谷や湯澤、今回はメンバー外だった三上嵩斗を含め、4年生が抜ける穴はとても大きいが、そこは關颯人や松尾淳之介、髙田凜太郎、塩澤稀夕、名取燎太ら、今回歓喜の裏で出場できずに悔しい思いを感じたであろう選手に期待したい。未知数な部分は多いものの、その役割を担ってくれる新1年生も現れてほしい。4年生の穴を埋めていける要素は十分にある。

学生駅伝という枠組みで見ると、東海大は箱根制覇により、３つのタイトルを手にしたわけだが、すべて異なるシーズンでの優勝だ。19年度は、箱根駅伝の連覇はもちろん、過去４校しか成し遂げていない「学生駅伝三冠」も新たなチャレンジになってくる。

「駒澤大学や青学大は、『平成の常勝軍団』と呼ばれていた。僕たちは新しい元号の常勝軍団になるんだ」

館澤がそんなことを言っていた。

長い距離が得意なので箱根で勝負したい、３つの駅伝すべてで活躍したいと、選手たちはそれぞれに野心を持っている。自分の持ち味を発揮できる舞台に向かって、努力を怠ることなく精進してほしい。

優秀な指導者とは

指導者に求められる資質はいろいろあるが、対個々の選手と考えると、選手とできるだけ長く時間を共有することだと思う。

指導者が選手を見ていることで、選手のモチベーションは大きく変わる。私自身が選手だったころもそうだった。そういう意味では私はスカウトを担う部分も多く、西出仁明先生と二人三脚である。とはいえ、私もできる限りグラウンドに出ている。

東海大の学生時代は、練習のとき常に新居先生の視線を感じながら走っていた。実業団のダイエーでも、白水昭興監督は毎日毎朝、練習の開始時間には必ずグラウンドに来ていた。選手は、一生懸命やっている姿を指導者が見てくれている、努力を受け入れてくれている、評価してくれている、と感じたときに大きく伸びる。

練習メニューを与えて「今日はこれをやっておきなさい」と指示するだけでは、選手はなかなか伸びない。山本五十六の本を読んだときに、「やってみせ、言って聞かせて、させてみて、誉めてやらねば、人は動かじ」と書いてあった。やはり最後はしっかりと見てやって褒めなければ選手は伸びないのだと思う。

見習いの料理人にいい食材と道具だけを渡して、「これを作っておいて」と言っても、シェフが作るのと同じ料理はできない。シェフはその場に応じた微妙な味つけができるからこそ、おいしい料理を作ることができるのだ。

村澤や早川のように自分で自分の評価がしっかりできる選手であれば、メニューだけを与えてやらせても、大きな問題はなかっただろう。

しかし、彼らにしてもずっとほったらかしでは、おそらくあれほどは伸びなかったに違いない。頻繁に練習を見て、「よくなっているな」「もっとこうすればさらによくなるぞ」と声をかける。そうした積み重ねが、彼らの成長には不可欠だった。

たとえば、1000mを3分10秒で10本、1本ごとの間に1分のインターバルを空けてつなぐメニューがあったとする。見ていて3本目ぐらいできつそうだなと感じたら、途中で3分20秒に落としたり、8本に減らしたりするのが、指導者の味つけになる。もっとできそうなら設定ペースを上げたり、本数を増やしたりすることもある。

あらかじめ決めていたペースで遅れてしまった選手にはいったん間を空けて休ませ、「もう1回行こう」とトライさせる。それでもついていけなかったら、「よし、午後にもう1回やろう」と一度、心と体をリセットさせる。

こうした判断は、やはりその場で見ている指導者の知識や経験が必要になる。

長距離の練習では、遅れた選手がそのまま走り続けても、ただ走らされているだけになってしまっては意味がない。

選手にはよく、「授業でどんなに素晴らしい先生が教壇に立っていたとしても、その話をただなんとなく聞いているだけでは、勉強はできるようにならない。頭にも何も入ってこない。ただ練習メニューをこなすというのは、それと一緒だよ」と言っている。

優秀な監督やコーチに指導を受けているからといって、ただ走っているだけでは強くはなれない。

指導者が選手をよく見てあげることが重要であると同時に、選手もまた、与えられたメニューの意図や狙いを自分なりに考えて、追求して取り組むことが大切なのである。

高校では残念ながら、多くの選手が考える習慣をつけてもらっていない。

与えられたメニューをこなすのは大学と同じだが、成果を出す、自分を成長させるためというより、「先生に怒られないため」という目的にすり替わっているケースが少なくない。自分の走りよりも、指導者の方にばかり目線が向いている。

「先生に怒られるから、ちゃんとやろうぜ」と、怒られるかどうかがポイントになるのは、学校での掃除当番と同じだ。掃除とは本来、そういうものではない。

とはいえ、これは仕方ない部分もある。高校生は3年間しかなく、考えさせている時間がないからだ。たとえ叱ってでも目の前のことをやらせる必要がある。特に中学校から上がってきたばかりの子は未熟なので、そういうやり方にも抵抗感が少なく、怖い先生におびえながらでも練習をやっていれば、それなりに結果が出る。

しかし、そんな魔法はいつまでも続かない。

高校生もだんだん自立し、大人に近づいていくにつれて、さまざまなことに多感になってくる。「先生におびえながらやっていてもダメだ」と気づいて頑張る子もいる。そうなれば指導者としては、しめたものである。

そうした高校生への指導に対して、社会人になる一歩手前の大学生には、できるだけ自分で考えさせる。

大学では4年という時間の余裕もある。しかも高校3年間を経ての4年間なので、合わせて7年間のスパンでやっていくと捉えられる。最初の3年間はたとえ怒られながらでも、形を覚えることはできる。長距離に置き換えれば、どうすれば速くなるのか、結果を残せるのかという部分だ。

そして大学に入ってから先の4年間では、私は選手に、結果にたどり着くまでのプロセスを自分自身でも考えてもらいたいと思っている。

そこには失敗もあるだろう。いつもうまくいくことばかりではない。それも経験で、失敗をどのように生かして前に進むかが何よりも重要だと断言できる。

そういう点では、頭を働かせられない選手は非常に危険である。

それは勉強ができる、できないということと共通しているかもしれない。考えようとする力があるかどうか。課題に敏感に気づけるかどうか。

実際は周りを見て、隣の人間がやっているから自分も同じようにやればいいと考えている者がかなり多い。「なぜこんなことに気づかないんだ。考えればわかるだろう」と思うことがしばしばある。

鈍感な人間は、選手としても伸びない。

今、自分に必要なものは何か。それを感じたり判断したりするのは、感性である。

感性は持って生まれた素質のようなところが大部分を占めると思うので、いくら教えてもなかなか磨かれない。村澤は感性が豊かだったから、中学校から高校に上がったとき、そうした気づきがあって飛躍的な成長を遂げた。

同じ経験をしても、人によって感じ方や受け取り方はそれぞれ違う。感じたものから自分が何を考えていけるか。その違いが選手として強くなっていけるかどうかの差になって表れる。

感性が持って生まれたものだとしたら、指導によって養ったり磨いたりするのは不可能なのかもしれない。それでも私は、できるだけ同じ時間を共有し、選手の感性を豊かにする可能性を見いだしたい。

だから、可能ならば選手と寮に一緒に住みたいとも思う（学生たちがどう思うかはわからないが……）。

近くに住んでいるのでたまに行くことはあるが、一緒に生活をしていて得られるものに比べればはるかに少ない。選手の個性や長所を見つけたり、改善すべきところを直させたりするというのは、グラウンドでの練習だけではすべてはわからない。私が寮で暮らすようになれば、選手たちももっといい雰囲気で競技に打ち込めるという確信がある。

近年、学生駅伝などで結果が出ている青学大や東洋大は、監督が選手とともに寮に住んでいる。これは、長距離というスポーツにおいては選手の生活を管理することがいかに重要なキーワードなのかを示していると思う。

もちろん、自己管理できるのが一番で、稀にそれができる子もいる。「山の神」と呼ばれ、箱根駅伝の5区で活躍した東洋大の柏原竜二選手や青学大の神野大地選手（現・セルソース）はそういう学生だったのだろう。

だが、大学生はまだ二十歳そこそこである。自己管理をしっかりできる子の方が少ない。だから青学大の原晋監督も東洋大の酒井俊幸監督も、夫婦で寮に住み、学生の生活を間近ですべて見ているのだろう。

練習の基盤となる生活面をつぶさに見ているから、選手が強い。試合で確実に結果を残す。朝から夜まで生活を見ているから、体や心の状態、調子のよしあしが十分にわかる。陸上への動機づけができていれば、きちんとした生活をするようになる。

生活がしっかりしていれば、現状より上を目指す意識が生まれ、練習もしっかりやる。私より、原監督や酒井監督の方が選手との共有時間が長いはずだ。おそらく私よりも選手とのコミュニケーションがとれているだろう。

スポーツは教育の一環

東海大に黄金世代が一気に入学してきた16年ごろから、各大学のスカウト競争が激化したようだ。

奨学金の支給や寮費の免除は東海大でも行っているが、栄養費などの名目で小遣いを出すところまであるといううわさも聞く。東海大は、そのようなことはない。

あるのは、湘南校舎という広大な敷地と、そこに陸上競技場やクロカンコース、科学的トレーニングを可能にする各種施設がそろっていること、そして、強豪の運動部が多く、日本一を目指している選手が身近にいるという面だろうか。

仮に、スカウト時に出せるお金があったとしても、そうやって入学してもらったところで、その選手は本気で競技に打ち込めるのだろうか。将来のために貯金をするとか、家族を楽にさせたいといった目的があるなら、ある程度は理解できるかもしれないが、18、19歳の若者が、クラブ活動をしているだけで小遣いをもらえるとしたら、勘違いする選手も出てくるのではないか。

学生駅伝を人材や選手育成の場としてではなく、宣伝活動の一環と捉えている大学もあるだろう。

私は、早稲田大学や明治大学、中央大学をはじめ、草創期や戦前の箱根駅伝を築いてきた各大学が果たした役割は、とてつもなく大きいと思っている。筑波大学や慶應義塾大学、立教大学といったいわゆる名門校や、東京農業大学や専修大学といった古豪も近年は本戦に出場できない。各校のそうした実績を無視する形となることは納得しがたいし、大学陸上競技界の将来への懸念もある。

私は、東海大の監督に就任するにあたり、山下先生から「駅伝チームに大学の広告塔になってほしいわけではない」と、はっきり言われた。チームを立て直し、ある程度の結果を求めていかなければいけないことは感じていたが、大前提として、東海大には「スポーツは教育の一環である」というスタンスがある。

私自身の指導理念も同じだ。

学生に対しては、セメスターごとに成績表を見て、授業の出席状況も確認している。ほかの運動部の先生方もやっていることなので、とりたてて特別なことではない。陸上部員は必ずしも学業の面で優秀な学生ばかりではないが、しっかり授業を受けて単位を取得するというのは、選手である前に一人の学生として当然の義務だと思っている。

学生スポーツへの注目が高まる今、私は選手獲得のルールをきちんとつくればいいとも考えている。

アメリカの大学スポーツを統括するＮＣＡＡ（全米大学体育協会）には、スカウトに関しても厳しいルールがある。

たとえば、スカラシップ（奨学金）で獲得できる人数はどこの大学も同じ数になっている。一つの大学がスポーツに割ける競技数も決まっており、駅伝を始めたいからと新規参入するためには、これまで活動してきた野球やサッカーなど、どこかのチームを廃部させなければならない。

そこには、ある特定の大学にスポーツの力を結集させないという狙いがあり、スポーツだけで大学の経営を成り立たせてはいけないという考え方がある。

ＮＣＡＡでは文武両道の精神が徹底されており、シーズン中は1日4時間、週20時間をこえるトレーニングを禁止している。コーチ主導のミーティングも練習時間にカウントされる。テスト期間中は当然、練習をしてはいけない。

選手も一定のＧＰＡ（評定平均）をクリアしないと、試合には出られない。大学生の本分はあくまでも学業であり、スポーツの結果が優先されてはいけない。

大学生はプロ選手との練習が禁止され、陸上競技では、同じトラックで練習するとしてもきっちり時間を分けて行う。プロ化してはいけないということだ。

これらのルールを破ると、場合によっては2年間の試合出場停止といった重い処分が下されることもある。

だからアメリカの高校生アスリートは、大学を選ぶ際に大学のブランドや契約金のような金銭面を条件にしていない。

自分を成長させてくれる大学が最優先に挙げられ、「そのチームの監督やコーチの指導を受けたいから」という理由で進路を考えるケースが多い。

学生スポーツは本来、そうあるべきだし、そうでなくてはならない。アメリカはそういう面でも先に行っていると感じる。

それに対して日本では、スポーツで進学を決める高校生は、大学での監督やコーチの指導力にどれほど重きを置いているのだろうか。大学のブランド力、授業料や寮費の免除といった、競技とは直接的には関係のない要素が進路の決め手になってはいないだろうか。どの大学に行ったとしても、その選手が伸びるかどうかは、本人を含めて、誰にもわからない。

そういう意味では、実体として確かに存在するお金を選択するという考え方もわからなくはない。だが、そのように入学したものの、万が一、期待通りの結果を残せなかったときに、弱い自分を素直に受け入れられるのか。

今後、陸上で大学に進みたいという希望がある高校生やその親御さんには、できることなら目先の損得勘定やブランドイメージで進路を絞るのではなく、自分の競技力を高めるためという本質を軸に、理想の指導者や練習環境のある大学を選んでほしい。

過熱しつつある今の状況がこれ以上に横行すると、問題は選手個人にとどまらない。選手が指導者の力量やチームの指導方針を無視して進学を決める状況が続くと、やがて大学陸上界全体の指導力の低下を招く。そして、日本の競技力が衰退する。

もちろん、そうならないためには、指導者の側も選手にとって魅力的な人間でなくてはならない。高校生から「大学では両角先生に指導してもらいたい」と言ってもらえるように、私自身も研鑽に励んでいくつもりでいる。

さらに付け加えるならば、選手は遅かれ早かれ、いつかは引退する日がやってくる。今は、競技者としてあきらめずにチャレンジし続けることを学び、いずれ引退した後の人生で、その精神を生かしていってほしい。

学生駅伝の未来へ

89年に出雲駅伝が始まり、大学駅伝はいまや10月の出雲、11月の全日本大学駅伝を経て、正月の箱根駅伝という流れがすっかり定着した。

この世界で生きる一指導者として、大学駅伝を「もっとこうした方がより魅力ある大会にできるのではないか」と思うことがしばしばある。私が意見を言えるような立場でないことは承知しているが、この機会に少しだけ述べさせていただきたい。

そもそも駅伝という競技は世界大会がない。世界基準ではなく、日本独特の文化である。だとしたら日本独自の文化の中で、世界と戦うための選手を育成するという意味合いが出てくる。箱根駅伝も「箱根から世界へ」と謳っている。

そういう位置づけにある駅伝で、出雲と全日本は同じような大会に思えて仕方ない。もちろん、区間の数も各区間の距離も異なるが、約1カ月の間にあまり代わり映えのない各大学が、ほとんど同じようなメンバーで臨み、順位も出雲と全日本ではそう大きく変わらない。

選手にとっては活躍の場が広がるというメリットはある。長い距離が苦手で箱根には適性が見いだせない選手でも、目標としやすい。

ところが、テレビの生放送で大々的に放映されることを考えると、各大学は勝負を度外視することもできず、チームのエースや中心的な選手を投入せざるを得ない。

18年の青学大は「出雲駅伝プロジェクト」と銘打ち、短い距離のレースで勝つためのスペシャリスト集団を擁して出雲に臨んだ。見事2年ぶりに王座を奪還したが、蓋を開けてみれば、6人中5人は3カ月後の箱根メンバーに名を連ねている。

各大学は全日本でも当然、勝つためのオーダーを組むことになり、必然的に主力選手の疲労はたまっていく。すり減ってしまう感は否めず、私はいつも「選手は大変だなぁ」と思いながら何もしてやれないでいる。

それならば出雲は、大学1、2年生を対象とした新人駅伝にするというのはどうだろうか。高校では、新チームが始動する1月や2月に各都道府県の新人駅伝大会が行われている。大学でも同じような大会があっていい。

これまで大会を育ててくださった関係者や地元の方々からは異論も出るだろうが、2年生以下の大会となれば育成に主眼が置かれ、全日本との差異もより明確になる。出雲の短い距離なら、大学に入学して半年ほどしか経過していない1年生でも十分に対応できる。育成力に定評がある大学は大きな見せ場をつくれるかもしれない。

選手の立場に立ってみても、1、2年生ですでにチームの主力になっている場合は別だが、4カ月の間に3本の駅伝を走らなければいけないというタイトなスケジュールから解放される選手が増える。

陸上の長距離選手は年間を通して試合が多く、体を休める時期がない。

大学4年間をけがばかりで過ごし、高校時代の自己ベストを一度も更新できないまま卒業していく選手は珍しくない。けがは本人に原因があることも少なくないが、試合数の多さが十分な休養期間を持てなくしていることもある。

それでいて常に勝つことを求められる。高校駅伝の強豪校が、競技力向上を目的に鉄剤注射を使用していたことが問題になったが、それも結果を求められるがゆえに手を出さざるを得なかったのだろう。

将来がある若い選手にはもっと長い目で育成していくことも必要だ。

出雲を新人駅伝にすれば、区間賞を獲るチャンスは多くても2回しかなくなり、学生駅伝三冠の達成はより難易度が高くなって、それだけ価値が上がる。いろいろな面で盛り上がり、見ているファンの方々もさらに面白くなるのではないだろうか。

全日本大学駅伝は、時期的にも区間の数や距離的にも箱根の前哨戦のような扱いになっているが、これはもはや変えようがない。「秩父宮賜杯」を冠し、「選手権大会」とつくことから、大学日本一を決める大会としてこれまで通りでいいと思う。

箱根駅伝に関しては、記念大会となる２０２４年の第１００回大会で全国化を検討しているという。あくまでも個人的な意見だが、大学日本一決定戦の全日本がある以上、出場は関東の大学に限るとする伝統を守っていくべきではないだろうか。

またゴール地点を、現在の読売新聞東京本社前ではなく、東京ドームに設置するのはどうだろう。いろいろなことを考えたときに、なぜそうしないのかと、いつも不思議に思っていた。変更することによるメリットはとても多い。

まず近年の大会では、ゴール付近にはたくさんのファンの方が殺到している。

さらに選手や我々チームスタッフ、大会関係者やファンの方々は、待っている時間が非常に寒い。読売新聞社の周辺は交通規制がなされて、早朝から渋滞が起きている。

東京ドームをゴールにすれば、それらの問題がすべて解決する。

スタンド席を区切って、各大学の応援エリアにすれば、騒音を気にすることなく騒ぎ放題だ。レースの模様は大きなオーロラビジョンで見ることができる。

ドーム内ではサッポロビールを販売するなど、大会を支えてくださる各社の商品や情報を提供する場を設けることでスポンサーの皆さんにも喜んでいただけるだろう。

レース後はそのまま表彰式を行う。多くのスポーツでは、勝敗が決したらセレモニーで勝者をたたえる。しかし箱根駅伝では現在、表彰式は選手と大会関係者のみで行われており、公開されていない。選手の父兄やファンは、選手が表彰される姿や大会委員長の総評などを見たり聞いたりできないのだ。もっとオープンにしてもいいと思う。

関東学生陸上競技連盟が主催する箱根駅伝は読売新聞社が共催し、日本テレビが特別後援に、報知新聞社が後援に名を連ねている。各社の関連から言っても東京ドームでの開催はそれほど難しいことではないと思うのだが……。

もちろん、それによる運営費もかかるが、入場料を徴収すれば、十分に賄えると思う。単純に1人500円でも、5万人が席を埋めたら2500万円。1000円の入場料なら、5000万円になる。余剰分は、関東陸連から各大学に一律に分配されている援助金に上乗せしてもらえれば、選手たちに還元できる。

箱根駅伝や大学陸上界が盛り上がるのは、大いに結構である。

ただ、周囲が盛り上がる一方で、主役であるべき選手の存在を置き去りにしてはならない。選手が最大限に力を発揮し、そうした経験を積み重ねて、将来、大きく羽ばたけるような箱根駅伝、そして、学生駅伝界であってほしい。

チームが強くなるための条件

チームが強くなるには、選手、環境、指導者が三位一体でなくてはならない。これまでに述べてきたことと多少重複する部分もあると思うが、いま一度、整理して提示させていただく。まず「選手」には、６つのことを求めたい。

１つ目「忍耐力」は言うまでもないだろう。

長距離走というのは、あらゆるスポーツの中でも、苦しい時間が長く続く競技である。練習もきついし、レース本番もきつい。だが、きつい本番で望む結果を手にしたいなら、どんなにきつい練習も耐えて乗り越えなければならない。

私の教え子たちも強い選手は総じて忍耐力が際立っていた。佐藤悠基もその一人で、これは子どものころから父親に厳しく育てられたことも影響していると思う。

２つ目「礼儀正しさ」は、選手への支援者を増やす。周囲の人たちに「あの選手を応援したい」と思ってもらえる選手は、その応援を力に変えて強くなる可能性を秘める。

それに何より、礼儀は、選手である前に人として身につけておかなくてはいけない。基本中の基本であるあいさつをまともにできないようでは、社会に出て通用しない。私は選手を指導する際、どこに出しても恥ずかしくないような一人前にすること、「東海大の学生はしっかりしている」と思われるような人間的教育の視点を常に意識している。

選手に求めたい3つ目は、「自己管理能力」である。

非常にデリケートな競技である長距離では、規則正しい生活を送ることが大切だというのは、何度も言ってきた。ちょっとした体調不良もすぐに気づき、自分で適切に対処するなど、自分で自分を管理できないようでは強くなれない。

私の佐久長聖時代の教え子である千葉健太は駒大に進んだ後、同室の後輩から「きちんと自分でルールを決めて実行しているところがすごい」と言われていた。そうした高い意識が、箱根駅伝での3度の区間賞獲得といった活躍につながったと思う。

4つ目「変化する力」というのは、飛躍的に記録を伸ばす選手に共通している資質である。

中学校時代にサッカーをやっていた村澤や、同じく中学ではバスケットボールをしていた佐久長聖駅伝部監督の高見澤は、高校入学直後は陸上経験者との実力差を感じていた。しかし、「自分を変化させたい」という欲求に満ちあふれ、そのためには厳しい練習もいとわなかったことで、チームのエースになるまで成長を遂げた。

5つ目「感性」は、競技力向上において大きなファクターとなる。生まれ持った素質の要素が大きいものの、毎日を生きているすべての体験の中から何を感じ取れるかで磨かれもする。感性が豊かな選手は、将来的に飛躍する可能性が高い。

選手に求めたいことの最後は、自分をこえて他人に配慮ができるかという「自己超越」である。

陸上は基本的に個人競技だが、駅伝になると団体競技、チームスポーツになる。仲間を

箱根駅伝優勝祝賀会で記念撮影。左から鬼塚翔太、湯澤舜、西川雄一朗、館澤亨次、西田壮志、筆者、ヘッドコーチの西出仁明先生、中島怜利、阪口竜平、小松陽平、湊谷春紀、郡司陽大、主務の木村大周

大切にし、自ら歩み寄っていけるようであれば、人としても一流に近づく。

村澤は高校や大学のころ、元気のない仲間や後輩がいれば必ず声をかけていた。その点でも周囲からとても信頼されていた。

三位一体の二つ目、チームが強くなるポイントは、「環境」である。

今ある環境で最大限の努力をする。変えられるものはよい方向に変え、変えることができないものは受け入れるしかない。

佐久長聖では冬季、手造りのクロカンコースは寒さで凍結し、雪解けの時期はぬかるんでまともに走れなかった。だからといって悲観したり文句を言ったりしたところで、レースでハンディをもらえるわけではない。ほかの練習場を探したり、屋内トレーニングを増やしたりして補えばいいのだ。

選手と環境がそろえば、あとは「指導者」がその環境で、選手をどう指導するかということになってくる。レースで戦うのは選手だが、優れた指導者というのは、そこそこの選手を強い選手に育て上げ、一流選手を超一流選手にすることもある。

指導者は、常に4つの資質を持っていないといけないと考えている。

1つは、やる気とも言い換えられる「情熱」だ。これがないと始まらない。

選手は練習やレースで必死に戦っている。そんな選手を引っ張っていくのが、リーダーたる指導者である。選手は普通、「この人は情熱があるな」と感じる指導者についていきたい。私は高校まではそういう指導者に巡り合えなかったが、私も東海大に入学し、新居先生と出会ってから、がぜんモチベーションが上がった。

情熱と言っても、表現の仕方はさまざまである。駒大の大八木弘明監督のように、激しい言葉で選手を伸ばすタイプの指導者もいるが、私は、できるだけ選手の練習をしっかり見て、いろいろなアイデアを提示することで自分なりに情熱を伝えている。

そして指導者には、「使命感」がなくては務まらない。

選手には、競技者としてよい結果を残させてあげたい。もちろん、選手と指導者がともに精いっぱい取り組んだとしても結果が出ないこともある。そんなときでも、選手が「この指導者のもとでやってこられて、このチームに来てよかった」と思ってくれたら、それこそ指導者冥利に尽きると言えるだろう。

これまで私は、監督として幾度となく苦しい場面に遭遇してきた。特に東海大に赴任した当初は、あまりに困難なことばかりで何度も投げ出したい気持ちになった。

そうした苦難を乗り越える原動力になったのは、私自身がスカウトして連れてきた選手の存在だった。学生は、たくさんの選択肢がある中で東海大を選んでくれた。その気概に応えなければいけない。仮に選手として思い通りの結果を残せなかったとしても、「東海大に来てよかった」と思ってもらうことが私の使命だと思っている。

親御さんに対しても使命感を持つことが重要だ。私は選手の親から、「私たちの大事な息子なのできちんと育ててください」などと言われたことは一度もない。だが、言われなくとも大事な息子を預かり、強い選手にする、社会で通用する人間に育てるという意識がなければ、ただの管理人にすぎなくなってしまう。

さらに指導者は通常、何らかの組織に属している。私の場合は東海大になるが、大学側からの期待にもできる限り応え、それが日本陸上界にとっても有益であるならば、これ以上の理想はない。

指導者に不可欠な資質の3つ目は、「洞察力と迅速な判断力」である。

一つのレースだけではなく、あらゆることは目まぐるしく変化していく。5年先のことは全く読めないが、その中で半年先、1年先をどのように読み、選手を正しい方向へと導いていくか。

スカウト一つとっても、今こういう選手を獲らなかったら来年、再来年はチームがどうなってしまうかという予測をしなければいけないし、それに対して迅速に動かなければいけない。そこで当然、焦って誤った判断はできない。指導者は、先を読みながら正しい決断を下すということを迫られるケースが多い。

最後に指導者は、いつでも「謙虚」でなくてはいけない。

選手がよい結果を残したときやチームが試合で勝ったとき、決して「私のおかげ」とは思わないことだ。まずたたえるべきは努力してきた選手本人であり、その選手を支えてくれた親御さんや周囲の人に感謝する。そんな謙虚さが、次の世代の選手たちに「あの監督のもとで指導を受けたい」、親や高校の監督たちに「あの監督にうちの子を預けたい」という思いにさせるはずだ。

私は今回の箱根駅伝優勝で大学が祝賀会を催してくれた際、優勝メンバーの高校での恩師の先生方に壇上に登っていただいた。よい選手たちを送ってくれた先生方に、「おかげさまで」と感謝を示したかったからだ。

このようにして、選手、環境、指導者がそれぞれに必要な要素を満たしたとき、チームは間違いなく強くなる。特に選手と指導者に関しては、具体的な練習やトレーニングとは別に、心や考え方次第で大きく変わってくるのだ。

箱根から世界へ

繰り返し言うようだが、箱根駅伝は各区間が20km以上あり、５区や６区の急勾配の山に代表されるように攻略が難しい。

大学生を対象にしてこれほど過酷で厳しいレースは、世界を見渡してもほかに例がないだろう。そういう厳しさを乗り越えた先に、心身のタフさ、強さが身につく。その強さは、夏の五輪や世界選手権、フルマラソンなどのレースで必ず生きてくる。

駅伝は、陸上競技の普及という点ではものすごい力がある。たとえば、５０００ｍの13分台や1万ｍの27、28分台の選手数は日本が突出している。これは間違いなく駅伝効果と言える。

ただ、トップ選手を比べると全く歯が立たない。

５０００ｍの歴代世界ランキング（19年3月時点）を見ても、上位はアフリカ勢やアフリカ出身選手が占め、欧米勢の名前が40位台あたりから出てくる。すべて12分台だ。15年にベルギーの大会で大迫傑が出した13分08秒40の日本記録は、２１７位にすぎない。

結局のところ、駅伝は普及にはなっているものの、レベルの到達度という点ではやや頭打ちといった状況が見られる。これだけ選手層があるならば、もっと上に行けるような仕掛けがあってもいいと感じている。

東海大は、特に私が監督になって以降、スピードを磨くことに注力してきた部分がある。必然的にトラック練習が多くなり、それをきちんと取り組んでいくんだという意思や、強化の指針が広く知られるようになってきたと思う。

東洋大なら「その1秒をけずりだせ」、青学大だったら今どきの明るい雰囲気と、強豪校はそれぞれにチームカラーを持っている。魅力とも言えるチームの個性をどう発信できるかが、これまでの東海大の最大の課題だった。

それがようやく、「スピードを重視する」というポイントがチームカラーとして浸透してきた。

カラーを明確にするというのは意外に大事で、それによって強化の方法や方向性を統一できる。選手たちが練習に取り組みやすくなる。

そして結果的には、それがスカウトする際の「売り」になる。

黄金世代を含めた今の選手たちは、高校の先生方が「両角を男にしよう」と、力のある選手たちを次々に送ってくださったのが大きい。だが、今後は東海大の魅力やチームカラーを積極的に外に発信していく。「大学ではスピードをつけたい。だから東海大に行きたい」という高校生が増えてくれることに期待したい。

17年の出雲駅伝優勝は、「スピード軍団・東海大」を大いに印象づけることができた。

しかし、特に関東の大学長距離界は箱根駅伝を中心に回っており、各大学はスカウトにかなりの力を入れている。それらを度外視して「スピードだ」「トラックだ」と、箱根駅伝をなおざりにしていては有力な新入生を獲得できず、やがてチームは崩壊へと向かってしまうだろう。

私は東海大の監督就任の要請を受けたとき、「箱根で勝ってほしい」という話は一切なかったため、当初は箱根で勝つということに主題を置いていない部分があった。しかし、選手の姿や周囲からの雰囲気、他大学の意気込みを目の当たりにし、箱根で結果を出すことが大きなミッションへと変わっていった。

とはいえ、思い起こせば、私自身も学生当時はひたすらに箱根を目指した。

私が大学生だったのは、もうかれこれ30年以上も前になる。

陸上競技部の中長距離ブロックに所属している以上、チームの一番大きな目標は箱根駅伝である。何よりもまずそこで頑張らないといけないし、夏合宿やその他の試合も、すべて箱根につながると考えながら取り組んでいた。

今、箱根駅伝はさまざまな意味で巨大化し、注目度が高くなった。

世界へという観点から言うと、実業団の方も学生陸上界のように盛り上がってほしい。だが、実際は多くの人の関心は箱根に寄せられ、ニューイヤー駅伝で実業団チームを応援するよりも、自分の母校や好きな大学を応援する傾向になっている。

それが現実であり、その分、若い選手が箱根に抱く憧れやモチベーションは高くなっているかもしれない。高校生を勧誘するとき、「僕はトラックだけ頑張りたいので、箱根は考えていません」と言う子はいない。

そういう意味では、箱根駅伝というレースに対する選手の捉え方や取り組み方という点は、昔も当時もそう変わらない気がする。

多少のコース変更はありながらも、100年前から箱根駅伝は10区間、各区間約20㎞である。特に私が走った1区、2区、3区は、当時からコースが全く変わっていないため、よりいっそう、昔も今も大きな変化を感じない。

選手にとって憧れの舞台であるならば、これからも箱根駅伝の魅力は維持していかなくてはいけない。

それと同時に、強いチームであり続けるためには、箱根で常に上位にいるということが必要になる。東海大は、それができていなかった。

箱根駅伝を優勝できたことで、「トラックでスピードを磨いているばかりではない。箱根駅伝もきちんと考えて、それに向けて取り組んでいる」ということを証明できた。結果として示すことができたのは大きい。

これからも東海大では、トラックを重視しながらスピードの向上を目指しつつ、箱根に向けてはきちんと切り替え、長い距離を走れる練習を積んでいきたい。

そして、教え子の中から世界の舞台で活躍する選手が一人でも多く出てくれることが、指導者としての私の夢である。

しかしながら、やみくもに世界、世界と言うつもりもない。

世界を目指せそうな選手、チャレンジするに値する選手がいたら、その方向性を示し、後押しをしてあげたいということだ。今は幸い、館澤が世界選手権を狙える位置におり、ユニバーシアード日本代表を狙えそうな選手が何人かいる。黄金世代を中心にその可能性を秘めているので、トラックシーズンを前にアメリカに武者修行に行かせたりしている。そういう試みができるのも、素材があっての話である。力のある選手がいて、初めて現実的に考えていける取り組みになる。

有力な選手もいないのに高度なチャレンジをしても、時間とお金の浪費に終わってしまう可能性が高い。世界に通じるような選手がいないときは、ただひたすらに箱根を目指していくのも一つの考え方だ。

いずれにしても、戦いはこれからも続く。

私の座右の銘は、「前に進む」、あるいは「Keep Going」だ。自分の性格なのか、現状にとどまっていられない。常にもっと、もっとと求めてしまう感じがある。

箱根駅伝を優勝した後、ある先生から「これでミッションを達成したね」と言われた。そうかもしれないがそこはすべてのゴールではない。

むしろ箱根駅伝の優勝は、東海大の選手たち、そして私自身にとっての新たなスタートである。

おわりに

2019年4月2日、東海大学入学式。山田清志学長、松前義昭理事長に続き、私は卒業生代表として約6000人の新入生に向けて祝辞を述べた。

単なる卒業生代表として私に順番が回ってきたわけではない。毎年、顕著な功績を残した卒業生が登壇するこの大役を「東海大学　箱根駅伝初優勝の監督」として任されたのだ。

箱根駅伝の注目度から言えば、学内外問わずこれからこうした場面は増えていくのだろう。ただ、大勢の人を前にして、自らの経験を話すことが得意な人は少ないはずだ。私もそうである。緊張しながらも、私は祝辞の中でこう話した。

佐久長聖高校での16年間、東海大での8年間の計24年間、教員、そして駅伝監督としてそれぞれミッション（使命）を与えられ、ともにそれを達成することができた。

ミッションは非常に困難で、ハードルの高いものだった。無名校を都大路で初優勝させること、母校を箱根駅伝で初優勝させること――。振り返ると、それぞれを達成できた一番の要因は、私を支えてくれた周囲の人々に大変恵まれたからであり、それに尽きる。選手やその家族、恩師、コーチ、同僚の先生、上司、トレーナーや医師、寮母さん、陸上競技部OB、私を応援してくださった多くの方々……、そして妻と家族、私の両親と兄。

私はなぜか大勢のいい人と巡り合い、応援してもらえるラッキーな人間である。

私自身は指導者としては平凡だと思う。一流の指導者とは言い難い。自分を一番知る自分が、そう思うのだから間違いない。

一人では何もできないし、何の喜びも達成感もない。

大勢の人とかかわり、多くの力をもらってともに頑張ってきた。その代表が私なのだ。この24年間の経験から、人に支えられてここまで来ることができたことを心の底からかみしめている。それと同時に「人を大切にする」ことの重要性を日々実感している。

自分にかかわるすべての人を大切にしていくことが、成功への道だ。そう確信している。

新入生への祝辞からは少し脱線するが、3月に開かれた箱根駅伝の優勝祝賀会では、走った10選手の、高校時代の恩師に登壇していただいた。私は、「皆さんが東海大に優秀な選手を送っていただいたことで、私を〝男〟にしてもらいました」と感謝を伝えた。祝賀会という名の催しではあったが、私はどうしてもお世話になった方々に対するお礼を伝える場にしたかったのだ。

箱根駅伝の優勝は決して私一人の偉業ではない。だからこそ、皆さんと優勝の喜びを分かち合いたいと常に考えている。

入学式の祝辞の中では、私が選手を指導する中で得た3つのキーワードも伝えた。

1つ目は「逃げないこと」。長野県高校駅伝優勝の前年は2位、都大路初制覇の前年は同タイムで2位、箱根駅伝優勝の前年は優勝候補の一角に挙げられながら5位。すべてのミッションの前に必ず苦杯をなめてきた。

何より箱根駅伝の予選会で敗退し、母校の箱根駅伝連続出場を途切れさせてしまった。学生に惨めな思いをさせ、当然私自身も悩み苦しみ、失意のどん底にあった。しかし逃げなかった。

2つ目は「結果を恐れないこと」。人は何かを行う前に必ずその結果を予測する。スポーツでも大会に臨むとき、練習に励むとき、必ずその結果を予測する。そのときに悪い結果を予測して萎縮することが経験上とても多いと感じている。スポーツ以外の場面でも結果を恐れて、十分に力を発揮できていないことが多いのではないだろうか。私はそんなとき、「どんな結果でも命までは持っていかれない」と開き直る。結果を恐れすぎるとチャレンジをしなくなる、冒険しにくくなる。特にスポーツは筋書きのないドラマだ、結果など恐れる必要はないのだ。

3つ目は「言い訳をしないこと」である。言い訳は「自身の壁」だと思っている。言い訳という壁をつくり、周囲から自分を遮断すれば、少しは楽な気持ちになるだろう。だが、言い訳を積み重ねて壁を厚くしていけば、周囲の声は聞こえなくなる、こうなったらおしまいだ。自身の失敗や至らなさを素直に認め、周囲の言葉に耳を傾けて謙虚に取り組めば大勢の人が力を貸してくれる。言い訳の言葉を探すのであれば、「自分に何が足りないでしょうか？」と聞く方がはるかに賢い。

実際に、東海大でも山下泰裕先生や寺尾保先生を中心に「箱根駅伝強化プロジェクト」を結成していただき、年に数回、チームへのアドバイスをいただく機会に恵まれた。5年ほど活動した後、18年度に「そろそろ両角監督が独り立ちするときだ」と言っていただいて解散となったが、その翌年度に、皆さんの期待に応えて箱根で優勝を果たすことができた。

祝辞では以上のようなことを、学生生活の参考にしてほしいと話した。

ところで、先日、高校の同級生と34年ぶりに会った際に、「両角、お前がな……」「まさかお前が〝大監督〟になるとは」と口々に言われた。

古くから私を知る人には同じようなことをよく言われる。大監督ではないだろうが、確かにやんちゃな幼少期はガキ大将で、勉強もせずに遊んでばかり。競技に取り組んだ大学・実業団時代も多少は真面目にやっていたが、指導者として学生に言うほど真面目だったかと言うと、自信はない。だから、そんな自分を知る人はそのように思うのだ。

私は自分を「変化」させてこられたのだろう。

それは、私自身が使命や責任感を持つ立場となる中で、自分から変わらなければならなかったからだ。選手時代は自分とだけ向き合っていたので、すべては自分だけに返ってきた。しかし、監督ともなれば人を預かる、それも自分を信頼してきてくれた人を預かるのだ。「申し訳ありませんでした、駄目でした」ではすまされない。

その責任感や使命感で私は変わることができたのだと思う。文中にも書いたが、「変われないものはやがて消滅する」。これは自身の断固たる指導理念を貫くこととは違い、時代や接する人の違いにより考え方や取り組みを柔軟に変化させていくことを意味する。

今回、本書を執筆することを決めた一番の動機は、このような思いをまとめる機会を得たいと考えたからだ。

箱根駅伝総合優勝の反響は大きく、テレビ出演や書籍執筆のオファーをたくさんいただいた。ただ、私はできる限り、チームのため、選手たちのために時間を割きたい。ありがたい話ではあったが、そのほとんどをお断りした。

しかし、守るべき約束もあった。5年ほど前だったと記憶しているが、東海教育研究所・東海大学新聞編集部の野瀬直裕記者が「先生の指導論を一冊の本にまとめたい」と言ってきたことがあった。彼は私が東海大の駅伝監督に就任する前からチームを取材している、言わば〝番記者〟で、彼のオファーを受けようかと思ったこともあった。しかし、その当時はまだチームも発展途上であり、しかも偉そうに〝自分の考えを出版する〟ということに抵抗があったので、「箱根駅伝で優勝するまで待ってほしい」と断ったのだった。

そして迎えた19年1月3日、箱根駅伝で優勝を果たした夜、満面の笑みで取材に駆けつけた野瀬記者と握手を交わし、「本の話、もう逃げられないね」と伝えた。チームと私をずっと追い続けている彼なら、私の考えを理解してくれているだろうとも考えた。最後になるが、本書をまとめるにあたって尽力いただいたスポーツライターの小野哲史さんと野瀬記者をはじめとした東海教育研究所の皆さんに、この場で感謝を申し上げたい。

悲願の優勝から3カ月。次の目標も「箱根駅伝優勝」である。同じ目標でも、時が違えば人も違う、同じ考え、同じ取り組みではライバルに置いていかれる。新たなチャレンジはもう頭の中にいくつかある。私を支えてくださる多くの皆さんとともに挑戦する日々がこれからも続く。

Keep Going——。再び「男になる」日を目指して。

2019年4月

東海大学陸上競技部駅伝チーム監督　両角　速

東海大学陸上競技部駅伝チーム

学生三大駅伝全成績

2011~2019

2011年度

第23回　出雲駅伝		総合４位（２時間12分７秒）	
区間	選手名	区間順位	総合順位
1区	早川　翼　（理学部３年）	5位	5位
2区	石川裕之　（工学部１年）	8位	6位
3区	刀祢健太郎（体育学部４年）	7位	6位
4区	中川　瞭　（体育学部１年）	5位	6位
5区	小松紀裕　（政治経済学部４年）	6位	5位
6区	村澤明伸　（体育学部３年）	2位	4位

第43回　全日本大学駅伝		総合７位（５時間24分26秒）	
区間	選手名	区間順位	総合順位
1区	早川　翼　（理学部３年）	2位	2位
2区	吉川修司　（体育学部１年）	8位	7位
3区	中川　瞭　（体育学部１年）	4位	3位
4区	元村大地　（体育学部２年）	7位	6位
5区	刀祢健太郎（体育学部４年）	7位	5位
6区	小松紀裕　（政治経済学部４年）	12位	8位
7区	栗原　俊　（体育学部４年）	12位	8位
8区	村澤明伸　（体育学部３年）	4位	7位

第88回　箱根駅伝		総合12位（11時間17分14秒）	
区間	選手名	区間順位	総合順位
1区	元村大地　（体育学部２年）	11位	11位
2区	村澤明伸　（体育学部３年）	3位	7位
3区	刀祢健太郎（体育学部４年）	9位	4位
4区	田中飛鳥　（政治経済学部４年）	8位	8位
5区	早川　翼　（理学部３年）	14位	8位
6区	野中久徳　（体育学部３年）	13位	8位
7区	松谷公靖　（体育学部３年）	20位	12位
8区	吉川修司　（体育学部１年）	20位	12位
9区	小松紀裕　（政治経済学部４年）	12位	12位
10区	海老原匠　（体育学部４年）	17位	12位

2012年度

第44回　全日本大学駅伝　総合12位（5時間25分52秒）

区間	選手名	区間順位	総合順位
1区	中川　瞭　（体育学部2年）	8位	8位
2区	元村大地　（体育学部3年）	11位	12位
3区	白吉　凌　（体育学部1年）	12位	12位
4区	石川裕之　（工学部2年）	12位	12位
5区	宮上翔太　（体育学部1年）	12位	12位
6区	岡　豊　（工学部3年）	18位	12位
7区	松谷公靖　（体育学部4年）	11位	12位
8区	早川　翼　（理学部4年）	5位	12位

第89回　箱根駅伝　（関東学連選抜として出場）

区間	選手名	区間順位	
2区	早川　翼　（理学部4年）	10位	

2013年度

第90回　箱根駅伝		総合13位（11時間17分52秒）	
区間	選手名	区間順位	総合順位
1区	白吉　凌　（体育学部2年）	7位	7位
2区	元村大地　（体育学部4年）	17位	12位
3区	土屋貴幸　（体育学部1年）	6位	11位
4区	荒井七海　（体育学部1年）	20位	13位
5区	宮上翔太　（体育学部2年）	5位	9位
6区	福村拳太　（体育学部1年）	8位	8位
7区	上原将平　（体育学部4年）	12位	7位
8区	今井拓実　（体育学部2年）	19位	8位
9区	山下英俊　（政治経済学部3年）	19位	12位
10区	吉川修司　（体育学部3年）	21位	13位

2014年度

第46回　全日本大学駅伝		総合６位（５時間21分27秒）	
区間	選手名	区間順位	総合順位
１区	白吉　凌　（体育学部３年）	７位	７位
２区	川端千都　（体育学部１年）	8位	７位
３区	廣田雄希　（体育学部２年）	12位	8位
４区	宮上翔太　（体育学部３年）	5位	９位
５区	石川裕之　（工学部４年）	４位	７位
６区	髙木登志夫（文学部３年）	５位	７位
７区	石橋安孝　（体育学部２年）	２位	５位
８区	中川　瞭　（体育学部４年）	７位	６位

第91回　箱根駅伝		総合６位（11時間７分８秒）	
区間	選手名	区間順位	総合順位
１区	白吉　凌　（体育学部３年）	12位	12位
２区	川端千都　（体育学部１年）	７位	７位
３区	廣田雄希　（体育学部２年）	12位	８位
４区	吉川修司　（体育学部４年）	14位	７位
５区	宮上翔太　（体育学部３年）	５位	７位
６区	山下英俊　（政治経済学部４年）	９位	７位
７区	石橋安孝　（体育学部２年）	７位	６位
８区	春日千速　（理学部１年）	５位	６位
９区	髙木登志夫（文学部３年）	12位	６位
10区	土屋貴幸　（体育学部２年）	13位	６位

2015年度

第27回　出雲駅伝			総合５位（２時間10分55秒）
区間	選手名	区間順位	総合順位
１区	川端千都　（体育学部２年）	５位	５位
２区	湊谷春紀　（体育学部１年）	５位	４位
３区	春日千速　（理学部２年）	６位	３位
４区	廣田雄希　（体育学部３年）	４位	５位
５区	林竜之介　（政治経済学部３年）	４位	５位
６区	石橋安孝　（体育学部３年）	３位	５位

第47回　全日本大学駅伝			総合５位（５時間17分42秒）
区間	選手名	区間順位	総合順位
１区	川端千都　（体育学部２年）	10位	９位
２区	石橋安孝　（体育学部３年）	７位	７位
３区	湊谷春紀　（体育学部１年）	３位	５位
４区	春日千速　（理学部２年）	10位	５位
５区	廣田雄希　（体育学部３年）	６位	５位
６区	林竜之介　（政治経済学部３年）	５位	５位
７区	國行麗生　（体育学部２年）	６位	５位
８区	髙木登志夫（文学部４年）	６位	５位

第92回　箱根駅伝			総合５位（11時間９分44秒）
区間	選手名	区間順位	総合順位
１区	湊谷春紀　（体育学部１年）	16位	16位
２区	春日千速　（理学部２年）	15位	17位
３区	廣田雄希　（体育学部３年）	５位	14位
４区	石橋安孝　（体育学部３年）	２位	13位
５区	宮上翔太　（体育学部４年）	６位	８位
６区	國行麗生　（体育学部２年）	11位	８位
７区	川端千都　（体育学部２年）	12位	10位
８区	林竜之介　（政治経済学部３年）	６位	７位
９区	髙木登志夫（文学部４年）	３位	５位
10区	金子晃裕　（体育学部４年）	４位	５位

2016年度

第28回　出雲駅伝　総合３位（２時間11分13秒）

区間	選手名		区間順位	総合順位
１区	鬼塚翔太	（体育学部１年）	２位	２位
２区	館澤亨次	（体育学部１年）	２位	２位
３区	關　颯人	（体育学部１年）	１位	１位
４区	川端千都	（体育学部３年）	６位	１位
５区	三上嵩斗	（理学部２年）	２位	２位
６区	湊谷春紀	（体育学部２年）	５位	３位

第48回　全日本大学駅伝　総合７位（５時間20分55秒）

区間	選手名		区間順位	総合順位
１区	鬼塚翔太	（体育学部１年）	10位	10位
２区	川端千都	（体育学部３年）	13位	12位
３区	館澤亨次	（体育学部１年）	１位	８位
４区	石橋安孝	（体育学部４年）	６位	８位
５区	髙田凛太郎	（文学部１年）	５位	８位
６区	國行麗生	（体育学部３年）	２位	６位
７区	羽生拓矢	（体育学部１年）	14位	７位
８区	林竜之介	（政治経済学部４年）	９位	７位

第93回　箱根駅伝　総合10位（11時間17分０秒）

区間	選手名		区間順位	総合順位
１区	鬼塚翔太	（体育学部１年）	2位	2位
２区	關　颯人	（体育学部１年）	13位	11位
３区	國行麗生	（体育学部３年）	17位	12位
４区	松尾淳之介	（体育学部１年）	12位	14位
５区	館澤亨次	（体育学部１年）	13位	15位
６区	中島怜利	（体育学部１年）	８位	15位
７区	石橋安孝	（体育学部４年）	１位	11位
８区	春日千速	（理学部３年）	５位	10位
９区	川端千都	（体育学部３年）	５位	10位
10区	林竜之介	（政治経済学部４年）	７位	10位

2017年度

第29回　出雲駅伝		優勝（2時間11分59秒）	
区間	選手名	区間順位	総合順位
1区	阪口竜平　（体育学部2年）	1位	1位
2区	舘澤亨次　（体育学部2年）	2位	1位
3区	松尾淳之介（体育学部2年）	4位	3位
4区	鬼塚翔太　（体育学部2年）	1位	1位
5区	三上嵩斗　（理学部3年）	1位	1位
6区	關　颯人　（体育学部2年）	1位	1位

第49回　全日本大学駅伝		総合2位（5時間14分7秒）	
区間	選手名	区間順位	総合順位
1区	鬼塚翔太　（体育学部2年）	9位	8位
2区	塩澤稀夕　（体育学部1年）	5位	5位
3区	舘澤亨次　（体育学部2年）	1位	2位
4区	關　颯人　（体育学部2年）	6位	2位
5区	湊谷春紀　（体育学部3年）	2位	3位
6区	國行麗生　（体育学部4年）	2位	1位
7区	三上嵩斗　（理学部3年）	2位	1位
8区	川端千都　（体育学部4年）	3位	2位

第94回　箱根駅伝		総合5位（11時間10分9秒）	
区間	選手名	区間順位	総合順位
1区	三上嵩斗　（理学部3年）	7位	7位
2区	阪口竜平　（体育学部2年）	7位	7位
3区	鬼塚翔太　（体育学部2年）	3位	6位
4区	春日千速　（理学部4年）	12位	6位
5区	松尾淳之介（体育学部2年）	12位	9位
6区	中島怜利　（体育学部2年）	2位	5位
7区	國行麗生　（体育学部4年）	10位	5位
8区	舘澤亨次　（体育学部2年）	2位	3位
9区	湊谷春紀　（体育学部3年）	5位	3位
10区	川端千都　（体育学部4年）	16位	5位

2018年度

第30回　出雲駅伝　　総合３位（２時間13分31秒）

区間	選手名	区間順位	総合順位
１区	西川雄一朗（体育学部３年）	６位	６位
２区	館澤亨次　（体育学部３年）	２位	２位
３区	中島怜利　（体育学部３年）	12位	４位
４区	關　颯人　（体育学部３年）	２位	４位
５区	郡司陽大　（体育学部３年）	３位	３位
６区	湯澤　舜　（体育学部４年）	４位	３位

第50回　全日本大学駅伝　　総合２位（５時間15分31秒）

区間	選手名	区間順位	総合順位
１区	西川雄一朗（体育学部３年）	４位	３位
２区	關　颯人　（体育学部３年）	４位	１位
３区	館澤亨次　（体育学部３年）	１位	１位
４区	西田壮志　（体育学部２年）	３位	１位
５区	鬼塚翔太　（体育学部３年）	２位	１位
６区	郡司陽大　（体育学部３年）	２位	１位
７区	湊谷春紀　（体育学部４年）	９位	２位
８区	湯澤　舜　（体育学部４年）	４位	２位

第95回　箱根駅伝　　総合優勝（10時間52分９秒）

区間	選手名	区間順位	総合順位
１区	鬼塚翔太　（体育学部３年）	６位	６位
２区	湯澤　舜　（体育学部４年）	８位	５位
３区	西川雄一朗（体育学部３年）	７位	４位
４区	館澤亨次　（体育学部３年）	２位	２位
５区	西田壮志　（体育学部２年）	２位	２位
６区	中島怜利　（体育学部３年）	２位	２位
７区	阪口竜平　（体育学部３年）	２位	２位
８区	小松陽平　（体育学部３年）	１位	１位
９区	湊谷春紀　（体育学部４年）	２位	１位
10区	郡司陽大　（体育学部３年）	３位	１位

両角速《もろずみ・はやし》

１９６６年長野県生まれ。東海大学第三高校から東海大学体育学部に進学。陸上競技部に所属し4年間箱根駅伝に出場。卒業後は日産自動車、ダイエーで競技を続ける。引退後の95年に佐久長聖高校駅伝部の監督に就任。98年から２０１０年まで全国高校駅伝に13年連続出場し、12回入賞、14年目の08年には優勝を果たす。11年から東海大学体育学部競技スポーツ学科准教授、陸上競技部駅伝チーム監督に就任。19年に東海大初の箱根駅伝総合優勝へと導いた。教え子に佐藤悠基、村澤明伸、大迫傑ら国際大会で活躍する選手が多数。著書に『「人間力」で闘う 佐久長聖高校駅伝部強さの理由《わけ》』（信濃毎日新聞社）、『中長距離・駅伝（陸上競技入門ブック）』（ベースボール・マガジン社）がある。

前に進む力——*Keep Going*

「高校日本一」から「箱根駅伝優勝」への軌跡

2019年5月18日　　第1刷発行

著　者———— 両角　速
発行者———— 原田邦彦
発行所———— 東海教育研究所
〒160-0023　東京都新宿区西新宿7-4-3升本ビル
電話03-3227-3700　ファクス03-3227-3701
eigyo@tokaiedu.co.jp

印刷・製本 —— 図書印刷株式会社
装　丁———— Malpu Design（清水良洋）
本文デザイン —— Malpu Design（佐野佳子）

構　成———— 小野哲史
編集協力——— 齋藤　晋
東海スポーツ編集部
編　集———— 東海大学新聞編集部
野瀬直裕　橘恵利　高山はるか　山南慎之介

ISBN978-4-924523-03-6　C0075
乱丁・落丁の場合はお取り替えいたします。定価はカバーに表示してあります。

大島鎌吉の東京オリンピック

復興の五輪をニッポンへ呼んだ男

岡　邦行 著　四六判　320 頁　定価（本体 1,800 円 + 税）

ISBN　978-4-486-03781-1

織田幹雄、南部忠平らと戦前の黄金期を築いた三段跳選手から、孤高の国際ジャーナリストへと転身し、戦後は日本のスポーツ復興の最前線に立った大島鎌吉（1908 ～ 85）。その人生は、綺羅星のごとき人々との出会いと波乱に彩られている。東京オリンピックをつくった男の執念を描き出す。

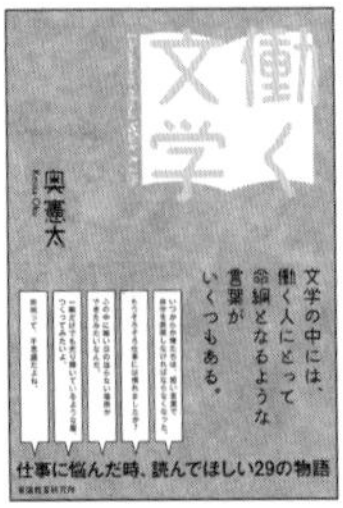

働く文学

仕事に悩んだ時、読んでほしい 29 の物語

奥　憲太 著　四六判　276 頁　定価（本体 1,800 円 + 税）

ISBN　978-4-486-03906-8

日本のベストセラー小説、現代文学に描かれた人物の心情を読み解きながら、現代社会で働く人の迷いや悩みの解決の仕方を、読者と共に考えていく新しい視点の文学ガイド。

メディア分光器

ポスト・テレビからメディアの生態系へ

水島久光 著　四六判　304 頁　定価（本体 2,200 円 + 税）

ISBN　978-4-486-03904-4

デジタルメディアは「いのち」の行方に何をもたらすのか。気鋭のメディア社会学者・水島久光が、リーマンショック後の 2009 年から、トランプ大統領登場の 2016 年までのマスメディア、地域メディア、ネットメディアの動向を論じた時評から、ポスト・テレビ時代の人とメディアの新たな可能性を照らし出していく。

戦後新聞広告図鑑

―― オモシロ懐かしい広告たち ――

町田　忍 著　A5 判　160 頁　定価（本体 1,800 円 + 税）

ISBN　978-4-486-03793-4

「お宅の鉄カブト、鍋に変えます」から「三種の神器」誕生まで、広告は世につれ、世は広告につれ。「なるほど！」「納得！」「なんだこりゃ？」の新聞広告満載。戦後の新聞紙面を彩った生活感あふれる愛しの広告たち、です。